实体店
线上线下
运营实战一本通

刘珂————著

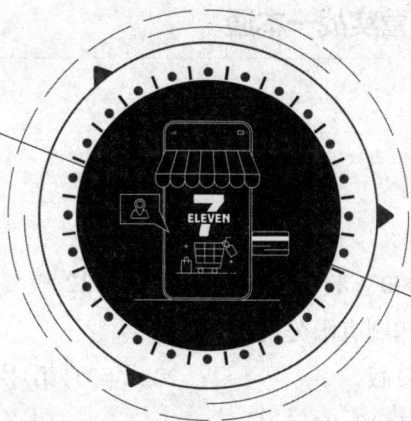

中国华侨出版社
·北京·

图书在版编目（CIP）数据

实体店线上线下运营实战一本通 / 刘珂著. -- 北京：中国华侨出版社，2021.3
ISBN 978-7-5113-8416-4

Ⅰ. ①实… Ⅱ. ①刘… Ⅲ. ①商店－商业经营 Ⅳ.①F717

中国版本图书馆CIP数据核字(2020)第226674号

● **实体店线上线下运营实战一本通**

著　　者 / 刘　珂
责任编辑 / 王　委
装帧设计 / 尧丽设计
经　　销 / 新华书店
开　　本 / 710毫米×1000毫米　　1/16　　印张 / 12　　字数 / 142千字
印　　刷 / 唐山市铭诚印刷有限公司
版　　次 / 2021年3月第1版　　　　2021年3月第1次印刷
书　　号 / ISBN 978-7-5113-8416-4
定　　价 / 42.00元

中国华侨出版社　　北京市朝阳区西坝河东里77号楼底商5号　　邮 编：100028
法律顾问：陈鹰律师事务所
编辑部：（010）64443056　　　传真：（010）64439708
发行部：（010）64443051
网　　址：www.oveaschin.com
E-mail：oveaschin@sina.com

前言

前几年，随着互联网的快速发展，电商行业迅速崛起，对实体店造成很大的冲击，有的实体店接连遭受亏损而不得不选择转行，有的实体店迫于无奈而关门倒闭。在互联网时代，很多传统实体店之所以被电商打败，其主要原因并不是技术的问题，而是思维的问题。万科创始人王石说过一句话："淘汰你的不是互联网，而是你不接受互联网。"

既然现在的市场发生了巨大的转变，那我们就需要重新认识实体店的价值。实体店仍占中国社会消费品零售总额的85%，并且有自己独特的价值，是消费者情感宣泄和情感联结的一个重要线下消费场景。经过电商的侵袭后，实体店反而将再次成为兵家必争之地。但未来的实体店不再是简单的售货中心，而是商品的自提中心和展示中心，是顾客的社交中心和体验中心，实体零售的内在逻辑发生了本质变化。

目前，和不少电商朝线下拓展一样，实体店也可以朝线上发力。只有将线上与线下的优势相结合，才能抢占消费市场的一席之地。那么，如何快速实现实体店的线上与线下的双运营呢？本书的内容可以帮你解决这个问题。

本书一共分为十章，分别从用户需求、体验超预期、服务精进、营销变革、粉丝经济、数据化应用、情感联结、精细化管理和门店环境等几个主要方面进行讲述。书中有很多实用的运营新策略和运营经典案例，对实体店转型升级有极强的指导意义。

希望本书能够助你在实体店线上与线下运营实践中受益！当然，虽然本书强调实操，但是读者也不要囿于书中所列的技巧和演示。而且，新零售会不断地演进，任何实战经验皆有其适用范围。最后，书中难免存在疏漏和不当之处，敬请读者批评和斧正。

目录

18:26
Friday

第一章

实体店线上线下运营是大趋势

· 传统实体店为什么频频关门

· 实体店逆袭突围，要借力互联网思维

· 互联网巨头布局线上线下结合的运营模式

· 盒马鲜生，被实体门店武装的生鲜电商

· O2O模式：实现线上线下有机融合

传统实体店为什么频频关门

自2013年以来，各大财经媒体的报道中开始屡屡出现一个新词语——关店潮，它深深地刺痛了传统实体店的从业者。这些报道并不是捕风捉影，传统实体店确实在经历关店潮。

2015年，成规模的传统实体店有865家关店；2016年第一季度，54家传统实体店中，41家营业额有不同程度的下降。曾经风光无限的传统实体店面临着店铺门可罗雀、业绩下滑、关店停业、物业空置率高等残酷现实。"关、关、关"成了实体店的常用词。连国外奢侈品牌也没能逃过本轮关店潮。

进入2017年，关店潮仍在持续，其中餐饮业的关店潮最激烈。据中国餐饮协会统计数据显示，截至上半年，中国注册餐饮门店581万家，相对2016年下降了3.8%，意味着半年时间有21万家餐饮门店关店倒闭。

很多人认为，实体店遭遇关店潮是受电商的冲击。其实，其主要还是内因，是实体店经营不善、缺乏差异化竞争优势所导致。商务部在其发布的《中国零售行业发展报告（2017—2018年）》中指出，我国传统零售业，尤其是百货店、购物中心等存在严重的同质化现象，以百货业为例，所经营商品有87%是雷同的，这导致商家缺乏差异化竞争优势，没有核心竞争力。

这种商家创新能力不足、缺乏差异化竞争优势的实体商业已经到了穷途末路，即使没有电商的围追堵截，也很难存活，是行业优胜劣汰过程中的必然对象。

差异化竞争是一种战略定位，即企业设置自己的产品、服务和品牌以区别于竞争者。传统实体店要想发现蓝海市场，冲出竞争惨烈的红海市场，就需要进行差异化定位，停止同质化竞争。而差异化定位的核心在于：通过提供差异化的产品和服务，为顾客提供独特的价值。

关于差异化定位，我们可以从以下几个角度切入。

1. 经营模式差异

说到经营模式的差异化，美国好市多的经验值得借鉴。好市多采取的是收费会员制，顾客能以非常低廉的价格购物，前提是要在好市多进行多频次、大额度的购物，否则就很不划算。在采购上，好市多采取的是大量采购方式，品类不多，但数量巨大，以提高议价权。这样，虽然顾客在好市多没有太多的选择，但能够在这里买到最便宜、最合适的产品。

2. 地段差异

通常，在城市中心地段开实体店，成本较高，竞争也很激烈。因此，实体店经营者可以将店铺开到三四线城市、农村市场，或更接近终端消费者的社区，进行错位经营。

3. 品类差异

实体经营者要打造同竞争对手完全相区别的产品搭配。举个简单的例子：你是香蕉，我是苹果；你是草莓，我就是桃子，总之就是和竞争对手的品类不一样。

4. 服务差异

在商品同质化变得日益严重的今天，提供优质服务是实体店提升竞争力的重要手段。实体经营者只有在顾客服务上多下功夫，为顾客提供超值的、个性化的服务，才能提高顾客满意度。

另外，实体店频频遭遇关门，还有以下两个主要原因。第一，门店租金、人工成本等居高不下。尽管"营改增"减轻了企业的一些负担，但形势依然严峻。第二，新的消费习惯已经形成。电商的快速发展以及竞争的日益激烈大幅压缩了传统实体店的利润空间。如今"80后""90后"已经成为购物的主力军。对于这些年轻人来说，通过用电脑或手机在网上下单的方式来满足其日常的购物需要，已经成为一种习惯。

总之，无论是哪种原因，如今的传统实体店无疑都面临着诸多困境。在这种情况下，传统实体店只有真正转变思维，才能摆脱困境，重获昔日的经济活力。

实体店逆袭突围，要借力互联网思维

在互联网时代，很多传统实体店之所以被电商打败，主要原因并不是技术的问题，而是思维的问题。

2017年4月，马云在谈到对未来30年技术和商业的预判时明确指出，新零售的冲击已经波及各个行业及领域，在它淘汰落后生产力的同时，也必定创造更多新兴的实体经济和就业机会。他提醒在场的企业家和实体行业从业者，未来30年任何一个和互联网脱节的企业、实体店，如果不尝试利用互联网发展自己，和10年前不使用电一样可怕，甚至比它更可怕，实体经济和互联网不可能完全对立，只有将二者完美结合才能顺势而为。

西少爷肉夹馍是中国互联网餐饮的第一品牌，于2014年4月8日在北京五道口开设了第一家实体店。随后，西少爷肉夹馍便继续凭借着互联网思维模式火爆全城，一年内开设了多家连锁店面。那么，西少爷肉夹馍是怎样将互联网思维运用到实体店的呢？

首先，在整体运营上，西少爷肉夹馍从核心产品到细致服务，在每个环节中都加入了互联网的极致体验和思维，这种行为改变了传统餐饮业"口味+服务"的模式，取而代之的是"产品+体验"的模式。

其次，西少爷肉夹馍善于借助自明星媒体力量来宣传实体店。

最后，西少爷肉夹馍创始人孟兵也善于借助互联网平台打造自己的自明星效应，借助自明星力量提高西少爷肉夹馍的影响力。

目前，孟兵的微博已有五万多名粉丝。西少爷肉夹馍最吸引人的地方在于，孟兵善于运用一些搞笑、好玩的段子来吸引粉丝关注。最后，西少爷肉夹馍还搭建了微信公众平台，然后为微信粉丝提供微信点餐服务。除此之外，西少爷肉夹馍还有更吸引顾客的招式。

除了西少爷肉夹馍店，还有黄太吉煎饼果子店，同样利用互联网思维将销售额做到了十几亿元。在其他行业如百雀羚化妆品，一个老字号的国产化妆品品牌，在线下有很多实体店，因为搭载互联网，创造了一天卖出380万元的销售业绩。

那么，什么是互联网思维呢？互联网思维是一个多元概念。一般认为，互联网思维指在互联网、大数据、云计算等科技不断发展的背景下，对市场、用户、产品、企业价值链乃至整个商业生态进行重新审视的思考方式。

小米创始人雷军表示，互联网的核心思想是：专注、极致和口碑。那么，如何理解这几个关键词呢？下面给大家来具体解释一下。

1. 专注

只有专注，才能将一件事情做到极致。所以，营销时需要确定一个定位，告诉顾客能给他们提供的最强卖点、最具吸引力的特色。

专注才有力量，少即是多。这是一个信息过剩的时代，在无限的信息中摄取有限的注意力，就要求我们的产品对顾客而言，必须能够一击即中。

在实体店的产品营销规划中，只要满足目标顾客的一个需求，即可使顾客产生购买意向。同时，在一个细分需求点上，给顾客一个选择就好，不要提供诉求点不清晰的产品。

2. 极致

极致意味着第一，极致是为了给顾客提供一个无可拒绝的购买理由。极致是一个长期的竞争战略，但也可以成为零售创业者的短期发展战略，通过极致来推动项目在较短的时间内成为特定区域的品类代表。对于实体店来说，在某些方面做到最好或更好，是有可能获得更大的生存空间的。

如果实体店不能做到最早，那可以做到极致，如此才能成为特定区域的品类代表，给顾客一个充分的购买理由。

有效的极致方向是规模极致、产品极致、效率极致和成本极致。

（1）规模极致

它是指规模第一。对于零售创业而言，规模极致可以理解为在一定市场区域内的市场占有率第一，成为某一特定品类的第一品牌。

（2）产品极致

它是指把产品本应有的重要特性极致地表达并传递给消费者。

（3）效率极致

它是指零售业借助移动互联网，将供应链的效率、收银的效率和服务顾客的效率等做到极致。

（4）成本极致

它是指零售业要将运营成本、产品成本等控制到极限。

3. 口碑

金杯银杯，不如老百姓的口碑。口碑的真谛是服务超越用户的期望值。当服务超越顾客的期望值时，他们才会觉得好。服务即是最好的营销方式。

总之，没有传统的企业，只有传统的人；没有懒惰的企业家，只有不想改变的企业家。在这个快速多变的时代，作为传统企业的管理者，只有放下过去，走出营销定式，才能看清未来，跟上时代发展的步伐。

互联网巨头布局线上线下结合的运营模式

如今，电子商务没有完全取代传统实体店，传统实体店依然留存，进入了互联网经济与传统实体店加速融合的发展新阶段。

阿里巴巴大举投资实体店，正式提出S2B（Supply to Business，为小卖家提供一站式供应链服务）模式，并启动天猫小店计划，他们的一号工程"盒马鲜生"一夜蹿红。

曾经号称只做线上的雷军也开始大举进军线下实体店，并于20个月内开了240家小米之家，并提出3年内开1000家线下店的"小目标"。

2016年，国内图书线上销售巨头当当网开始布局线下，在长沙开设第一家实体书店，并且计划三年内在全国开店1000家，截至2018年初，已经开业的有160多家。

当然，电商开的线下实体店不是传统意义上的实体店，它更像一个文化体验综合体。比如，亚马逊开的实体店里包含咖啡、亲子、社交、文创、讲座、布展等衍生服务，店内阅读，网上下单，快递到家……在这里，消费者能得到除阅读和购书之外的更多体验。另外，亚马逊实体店里的每本书下方都有一张评价卡，卡上标明网络书店的读者评价和分数，供消费者参考选择最适合的书籍。

那么，电商企业如此密集布局实体店，是心血来潮吗？当然不是，而是经过精细的市场调研和缜密的思考而采取的战略。其主要原因有以下三个。

1. 线上引流遇到瓶颈

在电商发轫之处，撒网式销售引来了巨大的客流，这也是其高速发展的重要原因。在行业红利期，少数电商平台垄断了客流，网店数量不多，竞争并不激烈。但随着电商数量不断增长，电商平台之间、平台卖家之间的竞争日益白热化，平台的运营成本徒增，平台卖家也需要投入更多的成本，才能吸引流量。

2. 整合线上线下资源

虽然消费者在生活中网购很频繁，但是网购还不能满足消费者的体验需求等。因此，互联网电商需要结合线下资源来弥补这一不足，达到共同发展的目的。

3. 树立良好的形象

好多电商开设实体店的初衷是为了树立自身良好的形象。

总之，电商在往线下拓展，说明了实体店自身的核心优势仍然存在，而这一优势正是电商的短板。因此，实体店可以朝线上发力，将线上线下的优势结合起来，才能抢占消费市场的一席之地。

盒马鲜生，被实体门店武装的生鲜电商

盒马鲜生的创始人侯毅在大学时学的是计算机软件开发，他有创业的经历，毕业后先后在多个领域从事过经营工作。1999年，他加入了当时还隶属于光明乳业的可的便利店，在那里工作了十年，见证了可的从20家到2000家门店的演变。

2009年，侯毅加入京东，先后担任过京东物流的首席物流规划师及O2O事业部总裁，是京东生活服务业务"京东到家"前身的创始人。在业界看来，京东物流体系的基础架构就是由侯毅一手搭建起来的。

之后，侯毅遇见了阿里的张勇，此时，侯毅提出了线上线下一体化超市的概念，而张勇仅听了侯毅几分钟的构想说明，就对其表示了极大的认同和兴趣。之后数月内，他们两人频繁见面，进行一场新零售架构设计。随后，盒马鲜生便应运而生。

1. 盒马鲜生的整合与优化

盒马是超市，是餐饮店，也是菜市场，消费者可到店购买，也可以在盒马App下单。门店附近3公里范围内，30分钟送货上门。盒马鲜生多开在居民聚集区，下单购物需要下载盒马App，主要通过电子支付、网银等方式付款。

从更深层次来看，除了即时加工等餐饮模式上的创新改造，盒马鲜生的不可复制还来自其对生鲜市场的全盘整合与优化（见下图）。

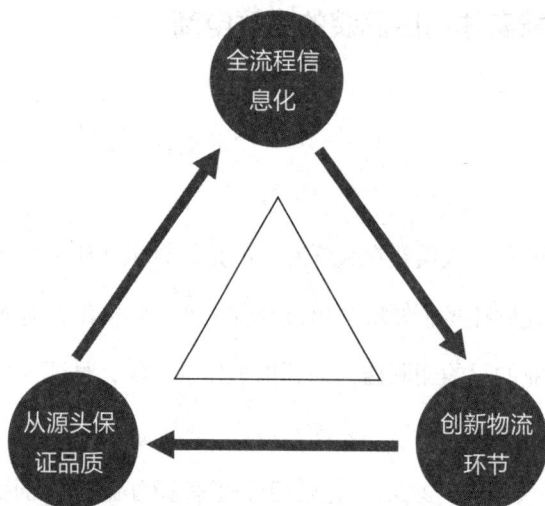

（1）全流程信息化

生鲜交易对产品保鲜度要求高，且千人千面的消费行为需要一站式的跟踪，全流程信息化能够让原本C端零散的生鲜交易更加智能、透明与高效，保障消费者体验。

（2）从源头保证品质

盒马鲜生通过大数据等技术应用对消费端零散用户进行画像，以此为依据进行补货采买，极大地保证生鲜产品的"鲜度"。

（3）创新物流环节

盒马鲜生通过高成本投入，建立了标准化的高效配送物流体系，还将供应链前移，减少了中间环节，并将用户订单信息与物流体系串联，确保每份订单的品质。

盒马鲜生通过对每一个环节的整合、改造，满足了C端服务的标准化体验，解决了传统生鲜市场散乱无序的棘手问题，使得盒马鲜生超越了其他生鲜电商。

截至2018年8月，盒马鲜生已在全国拥有64家门店，分布在14个城市，服务超过1000万名消费者。盒马鲜生方面的数据显示，运营1.5年以上的盒马鲜生门店，单店坪效超过5万元，单店日均销售额达到80万元，远超过传统实体超市。

2. 盒马鲜生的顶层设计

为什么在"生鲜电商"这块最难啃的骨头上，能生长出盒马鲜生这样的"新物种"？为什么当传统生鲜超市的坪效只有1.5万元时，盒马鲜生能做到它们的3~5倍？下面我们从创始人的视角，理解盒马鲜生这个零售物种的商业逻辑。

在传统零售领域，我们通常用坪效来衡量运营效率。坪效指的是每平方米每年创造出的收入。坪效做得越高，经营效率就越高，盈利能力就越好。用一个公式来表示就是：

$$坪效 = 线下收入 / 店铺面积$$

这个公式虽然非常简单，但是根据行业属性不同，坪效会有很大的差异。比如，2017年来自某调研公司的数据显示：卖手机卖得最好的苹果专卖店，坪效是40.2万元；卖珠宝卖得最好的蒂芙尼，坪效是21.4万元。每个行业因为特征不同，坪效极限也不相同。

在一个充分市场化、竞争激烈的行业里，无数人共同努力都不能突破的坪效极限，就是这种商业模式、交易结构的天花板。华泰证券的研究报告显示，中国零售卖场的坪效约1.5万元。其实，这已经是这个行业无数次优化的结果。而盒马鲜生能做到坪效约5.6万元，大约是同行的3.7倍。这是一个颠覆性结果。

有计算机背景和传统零售背景的侯毅对坪效有不一样的理解。他的理解是：坪效=（线上收入+线下收入）/店铺面积。本来线下门店只能服务到店的顾客，到店的顾客产生"线下收入"。

如果线下门店借助互联网，也能服务那些不想出门买东西，但又住得不远的人群，将会产生一部分完全不受单店总面积制约的"线上收入"。这样的话，坪效极限将获得质的突破。

侯毅把这种基本思维范式的改变，叫作"顶层设计"。2015年，侯毅提出要通过数据将线上线下打通，解决生鲜行业痛点的前瞻性想法。他们一起进一步细化了这个思路，确定了四个原则。

（1）线上收入必须大于线下

其实，这定义了盒马鲜生的主体是一个线上线下一体化的电商，而不只是线下零售，它的目标是线上收入占大头儿。

（2）线上的每日订单必须超过5000单

这定义了电商必须有规模效应，电商有基本的运营成本，只有达到规模效应后，运营才有价值。

（3）在冷链物流低成本可控的前提下，实现门店3公里以内30分钟完成配送

在这个半径范围内，无须冷链运输，又能及时响应，有助于用合理成

本建立客户的忠诚度。

（4）线上线下一盘棋，满足不同场景消费需求

其实，这四个原则就定义了盒马鲜生实体店的本质，它是一个线上线下一体化运营的生鲜电商，一个被门店武装了的生鲜电商。

这就是盒马鲜生的顶层设计。

O2O模式：实现线上线下有机融合

在未来的实体店营销竞争中，无论实体店经营者的客户是线上多还是线下多，只有加快拥抱"互联网+"，才能有更好的发展。要想实现这一点，实体店就要走O2O模式，建立O2O营销体系。

O2O这一概念的提出者亚里克斯·兰佩尔，是美国一家支付公司的创始人，他善于思考分析，他提出这样一个问题：不爱存钱的美国人一般年收入4万美元，其中网购支出约1000美元，除了银行的少量存款外，3万多美元花在哪里了？答案是健身房、餐厅、加油站、理发店等线下实体店。他发现这个市场很大，经过长时间的思考后提出了O2O这一概念。可以看出，这个概念的设想初衷是看到了传统实体店的大市场，线上要跨界"打劫"。

O2O被称为从线上到线下，将线下的商务机会与互联网结合在一起，让互联网成为线下交易的平台，这是最初的模式。随着互联网运营范围的扩大，线上线下深入结合，信息与实物之间、线上和线下之间的联系变得越来越紧密，逐渐出现了另一种模式，即从线下到线上，或叫反向O2O。

1. O2O 模式与 B2C、C2C 模式的关系

B2C是"Business to Customer"的简称，即"商对客"。它是商家或

企业在互联网的基础上向消费者提供商品或服务的一种商务模式，如天猫、京东、当当等网站。

C2C是 "Customer to Customer" 的简称，是个人（消费者）与个人（消费者）之间的电子商务。简单来说，就是个人通过网络进行交易，把自己的物品出售给别人。

O2O模式与B2C、C2C模式都是可以在线支付的，但不同的是，消费者通过B2C、C2C模式购买的商品是被装箱快递到消费者手中，而O2O模式则是消费者在线上购买商品或服务后，需要去线下享受服务。

O2O模式与B2C、C2C模式的一个交叉区域是团购，它是一种特殊的商业交易形式，是低折扣的临时性促销。消费者通过电商平台，购买商品或服务的团购券，再持券前往实体店享受服务，如团购的电影票、优惠套餐等。

2. 构建O2O营销体系

构建O2O营销体系，需要准备以下几方面。

（1）产品

好的产品就是要让用户产生信任和依赖，力争使每个用户都成为产品的忠实粉丝。在O2O体系中这是不可或缺的一环，是一切运行的基础。

（2）用户

O2O营销在做好产品的基础上，一定要以"用户"为中心，体现用户的需求。

（3）体验

相比产品外观、价格，消费者更注重体验和服务。

（4）口碑

在互联网时代，口碑的传播力更大、传播范围更广、传播速度更快。

3. O2O营销体系四大内容

O2O营销体系具体包括四大内容，分别是产品资源融合、用户资源融合、购买环节融合和宣传手段融合。

产品资源能否转化为实际经济效益，取决于流通速度。流通速度越快，转化率越高。

O2O的用户来源线上和线下。经营者要做到线上用户和线下用户兼顾和融合，不能因为建立了线上营销渠道而忽略了线下消费者。

购买环节融合指线上或线下两个购买场所的互补，即线上浏览、线下购买，线下体验、线上购买。

建立O2O营销体系后，线上线下宣传可以更好地结合，比如二维码的利用。现在在一些报纸、杂志或电视等传统媒体上，不仅只有广告的宣传语，还会配上一个二维码，直接扫一扫就能进入预设平台，了解更多的信息。

总之，O2O线上与线下融合，是一种资源和优势的互补，是实体店未来发展方向之一。目前，已有许多实体商业成功实现O2O转型。银泰百货的O2O营销做法就比较典型。

银泰百货全场覆盖了Wi-Fi，通过大数据获取并分析顾客线上线下的消费行为（如行走路线、停留区域和电子小票等信息），以此来识别顾客的购物喜好、购物频率以及品类搭配习惯等重要信息，进而改善顾客的购物体验。

此外，朝阳大悦城与银泰网联手合作打造了线下体验店——银泰网IM精品店。这家体验店在iPad上可浏览产品页面，现场买货、取货，也可先在网上下单后配送到家，真正做到了线上客流引导、线下产品体验及线下消费下单、在线支付体验的购物行为。

18:26
Friday

第二章

用户需求：永远把用户需求
放在第一位

· 深入了解，挖掘用户内心的需求

· 案头调研，从零碎信息中探寻用户需求

· 遵循用户思维，紧跟用户需求

· 需求判断，验证用户的真实需求

深入了解，挖掘用户内心的需求

我们都很熟悉的脑白金，其成功并非偶然。史玉柱当年推广脑白金的时候，在江苏江阴进行了多次测试，他亲自走村串镇，挨家挨户走访，和一帮老头儿、老太太打成一片，和他们聊天、唠家常，询问他们服用脑白金后的疗效情况。在整个过程中，史玉柱对老人的需求有了更深入的了解，不仅仅是与产品相关的需求——食欲不振、失眠，还包括这些老人对保健品的理解以及他们对子女的期望。脑白金的广告语"今年过节不收礼，收礼只收脑白金"就是来自这些"闲聊"。

这就是史玉柱很厉害的地方——善于挖掘用户的需求。挖掘用户的需求不仅仅要了解用户想要什么东西，更要了解用户为什么想要这种东西，同时还要理解这种东西会对用户的行为、心理和情感产生什么样的影响。换句话说，挖掘用户需求需要全面了解用户的内心、了解用户的思考方式，了解用户的情感驱动模型，了解用户对世界的认知态度，并在此基础上形成对用户需求的真正理解。

1. 什么是用户需求

用户需求是指用户的目标、需要、愿望以及期望。根据用户需求的非对称性特点，将用户的需求分为必备需求、单向需求和吸引需求三类。

（1）必备需求

必备需求是用户对企业提供的产品或服务因素的基本要求，是企业为用户提供的承诺性利益。

（2）单向需求

单向需求是指用户的满意状况与需求的满足程度成比例关系的需求，是企业为用户提供的变动性利益，如价格折扣。

（3）吸引需求

吸引需求是指既不会被用户明确表达出来，也不会被用户过分期望的需求，是企业为用户提供的非承诺性利益。

如果产品或服务能够满足这些需求特征，将会大大提高用户的满意度。相反，如果产品或服务不能满足用户的这些需求特征，用户的满意度就会明显下降。

2. 需求是产品存在的原因

需求是产品存在的原因，产品是满足需求的方式之一。以家庭视频为例，从早期的电视，到录像机，到光盘、蓝光盘、流媒体，直到现在的视频网站、网站高清机顶盒，短短二三十年，产品一直在不断创新，在家看视频这个需求却一直存在。

对于实体企业，如果将关注重点放在产品的改进上，而忽略了用户的实际需求，就很容易被淘汰；如果实体企业将关注重点放在用户的需求上，那么其产品的改进就能得到用户的认可和肯定。

3. 关注用户需求的本质

根据需求的层次，可分为表层需求和深层需求。表层需求是观点和行为，它有可能在很短的周期就发生变化；深层需求是目标和动机。在分析用户需求时，实体店经营者要关注用户的深层需求，关注其需求的本质。当然，关注的用户需求不能过于抽象，否则不容易形成可操作的方案。

4. 挖掘需求需具备的三个必备素质

成为合格的用户需求挖掘者，需要具备：

（1）同理心

同理心是理解他人感受的能力。拥有同理心就能感受到他人最深层次的情感和需求。

（2）联想力

挖掘用户需求是一种扩散的思考，需要丰富的想象力，这种想象不是胡思乱想，而是基于环境、行为或互动细节的深入观察，并结合自身知识经验的联想。

（3）好奇心

好奇心能够帮助我们拨开表层需求的伪装，去不断挖掘更深层次的用户需求原因，进而对需求产生更深层次的洞察。

5. 需求分析的过程

通常，需求分析的过程是一个从模糊逐步到清晰的过程，其大致有三个阶段。第一个阶段是迷茫。刚开始你会搜集海量的资料，然后发现自己也不太清楚到底应该研究什么东西，应该发现什么，只有一种模糊的感觉。第二个阶段是探索。在这个阶段，你迈出了第一步，从最简单的开始，把各种信息整合在一起，从各个角度不断地提出解释，又不断地否定自己的解释。第三个阶段是洞察。在这个阶段，你会有融会贯通的感觉，这时候你能感觉到自己在不停地朝着目标前进。

案头调研，从零碎信息中探寻用户需求

案头调研是对已经存在并已为某种目的而收集起来的信息进行的研究活动。与实地调研相比，案头调研的主要优点有：收集快捷，使用方便；数据量大，覆盖面广，易于通过调研掌握市场全局；成本较低。

案头调研不仅要完成信息的搜集工作，还要对搜集的信息进行整理。这种整理其实是一种个人观点的解读，通过自己的分析把原始的案头信息再加工，经过独立思考，从而发现用户的新需求。

1. 搜集用户需求资料的途径

（1）搜索相关行业报告

研究者可以搜索相关行业报告的信息资料，如行业协会中的产品资料、经营数据、财务状况等，进行间接推断。同时，在某些情况下，这些现成信息资料还可以代替实地调研资料。

（2）搜索社交媒体

随着互联网的发展，尤其是微博、公众号等的兴起，关于用户需求的信息不仅越来越多，而且越来越及时地反映各种动态。用户的抱怨、商业自媒体的精彩评论，或段子手的调侃，以及各个企业发布的用户研究报告，都能在网络上找到。我们完全可以搜集这些信息，然后进行整理分

析，发现用户需求的蛛丝马迹。

（3）搜索各种专业论坛

找各种专业论坛，然后进入论坛进行深度搜索，主要搜索与用户及产品领域相关的深度信息。有些内容，你可以直接在论坛中发帖子进行咨询了解。不过，由于论坛发帖量比较大，你要有一定的耐心。为了提高效率，在论坛中可以侧重关注这四类内容：论坛中的精华帖、论坛中的大神发帖、论坛中的求助帖（尤其是不同的人都在问同样的问题的帖子，说明这些问题可能就是用户的痛点）、论坛中阅读和回复量比较高的帖子（这种帖子通常是讨论比较热门的话题）。

另外，实体企业也可以借鉴"同程旅游"发掘用户痛点，发现用户新需求的方法。

2015年6月，同程旅游公司推出一则招募"首席吐槽官"的活动，吸引了社会的广泛关注。该活动的口号是：动动嘴皮子，找找吐槽点，提提小建议，出去旅旅游，就能轻松赚百万。

吴志祥说："首席吐槽官职位的推出，是同程旅游建立以用户口碑为核心的服务闭环的重要一环，让用户来告诉我们哪些做得不够好，哪些地方还需要改进，以用户体验为指针，让用户成为我们的'啄木鸟'，检查我们的产品和服务，保持我们的健康生态。"

2. 资料甄别的原则

由于案头调研的资料多为第二手资料，因此研究者在搜集第二手资料时一定要注意甄别和选择。总体来说，资料甄别的原则有以下几点。

（1）关注事实

在搜集资料时，要多关注其中描述的一些具体事实性的内容，如市场数据、操作方法等，而不要太注意文章中对目标客户或企业的褒贬态度，把客观的事实和文章的态度分开来看。

（2）反向思考

当看到的信息是利好时，你需要根据信息分析是否存在不好的可能性。因为有时企业为了说明产品的价值，可能会故意提供一些片面的数据或事实来证明产品很不错。这需要你对这些内容进行反向思考，比如，可以在互联网上搜索一下这个企业是否有负面信息，找到较为客观的解释。

（3）将不同来源信息进行交叉验证

将不同来源信息进行交叉验证，就是看不同信息能够在同一个逻辑框架下互相解释，互相印证。比如，某品牌运动鞋宣传核心功能是减震、轻便，但是在某个微博投票中，用户把减震的选票投给了另一品牌运动鞋，这时就需要我们考虑到底哪个品牌的减震概念更强。

遵循用户思维，紧跟用户需求

在零售行业中，很多企业都在力争第一。在美国，沃尔玛排在全球第一位，年销售额接近5000亿美元。好市多排在第二位，年销售额约是沃尔玛的1/4。可能你会认为亚马逊与这两家企业相差甚远，但是其业绩增长迅猛，在全球排第三位。很多时候，我们只需要研究一下这三家全球性零售商，就能掌握很多有用的信息。

上面提到的三家零售商，都是在某些方面把用户排在第一位，才获得了这么大的成就。比如，沃尔玛凭借其实惠的货品、优惠的价格和丰富的选择成就了其主宰地位。好市多有效地利用其接近于成本价的价格和有限的选择来推动业绩的增长。亚马逊有效地把新技术应用到了零售的三个基本元素中：买卖双方意见一致、商品运输、钱款支付。并且，作为"万货商店"，亚马逊的长尾产品实际上无所不包。这些都说明，新经济时代零售商要想再造蓝海，势必要把用户摆在第一位，以用户思维重新审视零售。

用户思维，即"以用户为中心"的思维模式，针对用户的各种个性化、细分化需求，提供各种针对性的产品和服务，真正做到"用户至上"。

关于用户至上，奇虎360公司董事长周鸿祎在一次企业年会上发表过自己的看法："我想讲几个360的关键词，今天我们面临着二次创业，没有这几个关键词是不行的：第一是用户至上，第二是创新，第三是创业精神。用户至上就是用户利益至上，用户体验至上，这是360公司的安身立命之本。今天，用户不想了解你的技术是否很牛，不想知道你的公司有什么伟大的梦想和理念，他们真正在意的是，你的产品给我解决什么问题，你的产品给我创造什么价值。在互联网产品越来越同质化的同时，谁能够从用户出发，把体验做到极致，而不是简单地把功能进行罗列，最后让用户在使用你的产品的过程中，能够感受到方便、愉悦、放心，谁就能真正地赢得用户的信任。用户至上这句话，说起来简单，做起来难。"

在互联网时代，信息公开透明，不断增强用户的话语权和选择权，使用户真正成为"上帝"。因此，实体店要想在与电商的竞争中逆袭，就必须遵循用户思维，努力提升消费者购物意愿，将用户思维进行到底。

1. 用户思维的特性

用户思维有以下三个明显特性。

（1）个性化

要满足用户的差异化、个性化和小众化需求，不再局限于大众化需求。

（2）人性化

用户思维是基于特定用户，直接体现对用户的友爱、信任、尊重等人性元素。

（3）多样化

实体店经营者要从多个层面，以多种形态来满足用户的需求，不仅有物质层面上的满足，更有精神、文化和思想层面上的满足。

总之，实体店经营者要用"用户思维"去考量价值链的各个环节，真正建立"以用户为中心"的商业文化，只有深度理解用户，才能生存下去。

2. 如何赢得用户

实体店经营者要站在用户的角度进行运营，紧紧地抓住用户的心，可以从以下三个方面入手。

（1）利用价值传递打动用户

我们要在产品研发初期，就考虑自己的产品能给用户带来什么样的价值，而这种价值应该是最大的。比如，苹果公司传递的核心价值是"立足科技与人文上的简洁"，这种简单、凝练的价值定位，以最直接、最有力量的方式传递给了用户，赢得了很多用户的喜爱。

（2）利用细节打动用户

细节往往很容易打动用户的心，从而得到他们的认可。比如，小米手环就是用细节打动用户的。

（3）利用实用性打动用户

一个产品的核心价值在于实用性，用户购买了产品之后，一定要能用得上，而且使用起来方便、省心。只有最具实用性的产品，才能快速获取用户。

需求判断，验证用户的真实需求

需求有"真实需求"，也有"伪需求"。真实需求可以实现用户的强关联，从而实现产品的稳定增长，而伪需求要么无法获得用户，要么昙花一现。因此，企业要找到用户的真实需求，才能生产出打动用户的产品。那么，企业如何验证用户的真实需求呢？具体方法如下。

1. 从用户角度出发思考问题

企业验证用户需求，就得放下自己的身段，不要觉得自己是专家，就任意做出各种假设：假设用户的需求是这样的，假设用户了解我们的想法，假设这个功能是无用的等。换言之，就是要换位思考，以用户的身份来验证用户需求。

周鸿祎举过这样一个例子：他们的工程师经研究后发现，原来传统路由器上的天线并不是必需的，现有的科技早就可以实现零天线了。于是，他们满怀信心地研发了一款内置天线路由器，本想这样就可以出奇制胜，但没料到的是，产品一经推出，几乎无人问津。原来，用户才不管零天线背后的技术原理，用户真正在意的是天线越多，信号越强。显然，在这个例子中，研发人员并没有真正从用户的角度出发思考问题。

2. 考虑用户使用的场景

用户使用场景的不同，是导致产品是否受欢迎的一个重要原因。为了验证用户需求，企业必须考虑各种用户不同的使用场景。场景就是用户使用产品的画面。

考虑用户使用的场景除了让需求分析更准确外，还有助于让产品功能更全面，让市场定位更明晰，让团队对产品的理解更具体。

3. 精益迭代

一开始小米手机是通过精益迭代来验证用户需求的。小米刚开始在网上卖手机时，做了三天的测试。测试的内容非常简单，目标是每天只卖200部手机。结果发现市场销量很好。每天限定卖出200部手机，是小米饥饿营销的起点，也正是这一模式牢牢吸引了用户的眼球。

因此，企业在开始时，可以先拿出一个简单的初始版本，来验证用户的需求，测试用户的接受程度和市场的大小。

18:26
Friday

第三章

体验超预期：更好地发挥实体店自身的优势

以体验制胜：门店独有的优势

美国经济学家约瑟夫·派恩和詹姆斯·吉尔摩曾出版《体验经济》一书，该书指出，企业以服务为舞台，以商品为道具，以顾客为中心，创造能够使顾客参与、值得顾客回忆的活动。在顾客参与的过程中，记忆长久地留住了对过程的体验。如果体验美好、非我莫属、不可复制、不可转让，顾客就愿意为体验付费。

实体店是体验经济的最佳载体。相比电商，体验是实体店最大的优势。消费者的感觉和感受是电商无法改变的，无论虚拟现实技术如何演进，虚拟终归是虚拟，永远替代不了现实。顾客体验包括实体店经营、服务的所有环节，涵盖经营、管理、后勤服务等所有人员，涉及线上、线下等所有终端。目前，实体店远高于电商的成交转化率和互联网巨头纷纷转线下开设各种体验店，无不源于此。

宜家是一家以体验制胜的家居实体店。宜家的体验首先表现在产品陈列上，通常其他家具店会将产品整齐地展示出来，而宜家却从不这样陈列。宜家会聘请专业的软装设计师，将产品在店内以家居设计的形式呈现出来，让客户体验到家的未来可能性。同时，宜家还鼓励客户亲身体验

"家"的感觉，顾客可以随便坐在沙发上，舒适地躺在床上。

宜家的体验主要表现在细节上，也会给顾客一些人性化的体验设计，让顾客倍感温暖和尊重。第一，宜家家居提供有免费的纸笔、量尺等工具，顾客可以自己量尺寸、画图纸；第二，顾客自己可以挑选一些产品、配饰，当场进行搭配和设计，让自己变身设计达人；第三，宜家娱乐空间、餐厅一应俱全。

宜家不仅在实体店商场内给顾客提供了周到的服务和自由自在的体验，更是结合移动互联网技术，给顾客带去了数码时代的3D体验。顾客只需要下载宜家家居指南App，就能享受这种虚拟展示空间体验。

这种体验式营销成就了宜家。因此，实体店只要能够抓住机遇，通过体验营销把自身的差异化优势展示出来，就能实现商品附加值的增加。那么，具体到实践来说，实体店经营者如何才能提升顾客体验呢？

1. 理解品牌价值

品牌价值，是实体店吸引顾客的核心卖点所在，它可以是一流的性价比，可以是丰富多样的商品或是人性化的服务，也可以是极具传承的品牌内涵。

2. 了解顾客的体验和期望

实体店经营者要充分分析顾客的消费期望，客观考量店铺能给顾客带来的实际体验值，通过满足顾客消费期望来提升其消费满意度。

3. 找到关键触点

触点就是店铺的品牌、产品、服务等在各个方面、各个环节与顾客的接触点，包括视觉、触觉、听觉、嗅觉、味觉以及心理上所接触的每一个点。顾客不管是去门店、打开App，还是接受店铺里的服务等，他都会接触无数个点。而实体店经营者要对这些触点排序，找出能够对顾客期望值产生关键影响的关键体验。

4. 弄清顾客理想体验与实际差距

要做到这一点是比较难的，实体店经营者需要针对关键触点进行深入观察、调研和对比，才能弄清顾客希望得到什么样的体验，然后分析店铺在这些关键触点中给顾客提供的实际体验，找出实际差距。

5. 制定改善措施

找出顾客理想体验与实际的差距后，下一步就要制定改善措施。在制定改善措施的过程中，要从实际出发，考虑到实体店的实际能力，进行相应完善。

三只松鼠投食店：实体店是用来体验的

三只松鼠作为一个网红级别的互联网品牌，发迹于互联网，主要是以互联网技术为依托，利用B2C平台实行线上销售。凭借这种销售模式，三只松鼠迅速开创了一个食品产品的快速、新鲜的新型零售模式。这种特有的商业模式缩短了商家与客户的距离，确保让客户享受到新鲜、完美的食品，开创了中国食品利用互联网进行线上销售的先河。

2016年9月30日，三只松鼠在芜湖开了第一家以"三只松鼠投食店"命名的线下体验店。在"双11"当天，三只松鼠投食店进店人数超过8000人，当天销售额达18万元。松鼠投食店的定位是以"服务全球绝大多数线下大众家庭"为终极目标，以不断提供"超越主人预期的商品和服务"为一切工作的核心。目前，投食店覆盖全国18个省区市，包括北上广深等一线城市均有门店。

为什么三只松鼠要将自己的店铺称为"投食店"呢？"投食"其实是一种古语，它是指相爱的两人互相喂食，具体来说，喂食的对象包括伴侣、子女和长辈等。而三只松鼠则是借此表达"为主人带来爱与快乐"的品牌使命。

可能大家会有一些疑惑：三只松鼠原本在线上获得了巨大成功，可为为什么转移了发展方向，在线下开起了"三只松鼠投食店"？三只松鼠的创始人章燎原曾说："我们对线上线下的理解非常清晰，销售功能由线上解决，到线下来就是体验功能，如果哪个品牌还到线下去卖东西，我认为就是退步。"

零食市场的目标消费者多是些喜欢休闲娱乐、渴望轻松闲适生活的年轻人，因此，三只松鼠的这一举措迎合了这类年轻人体验快乐的需求，从而使自己赢得了很多年轻人的青睐。章燎原也是基于这一思路，设计和布置三只松鼠投食店的。

1. 热情活泼的松鼠员工

在三只松鼠的独特松鼠世界中，主人是三只松鼠对顾客最尊贵的称谓，但它不只是一个"称谓"，这个词赋予了三只松鼠最重要的使命——"让天下主人爽起来"。在投食店里，统一服装的"小松鼠们"从"主人"一进门就会亲切地打招呼，腰部挂着的投食袋里面装满了玩具和试吃包，让每一位顾客感受到松鼠员工们的热情。

2. "水＋轻食"的饮食休闲区域

"水＋轻食"的饮食休闲区域是融合跨界的一种尝试，更能契合歇脚地的概念。虽然不是主业，但所销售的产品仍来自三只松鼠的研发团队，从咖啡、奶茶，到蛋糕、甜品，每一款都经过无数次筛选和试吃，名字也很有趣，比如"贵妃好酥""甲乙饼丁""战斗民族面包"。买一杯奶茶可以任意选择价值3元钱的小投食包试吃，同样的价格也许没有多少利润，却通过奶茶这个媒介让消费者坐下来，联结了产品的同时，还联结了品牌。

3. 举办各种活动

店内还时常会举办一些面向线下消费者的活动，如舞蹈会、音乐会等。这样精心的布置，在很大程度上提升了顾客的体验，给线下和线上店铺带来越来越多的流量。

　　从三只松鼠的案例可以看出，增强顾客体验功能将是实体店发展的一大趋势。最重要的是通过体验的探索，持续不断地推动和探索符合"主人"的产品需求和体验。

支付体验：确保实体店交易流程快捷化

支付是消费者购物的最后一个环节，也是影响消费者购物体验的重要闭环。随着现代生活节奏的不断加快，很多消费者对于购物支付也有了更快、更便捷的要求。有数据显示，使用手机支付，比现金支付节约80%的时间，比传统刷卡支付节约50%的时间。

以手机为载体，通过与终端读写器近距离识别进行的信息交互，运营商可以将移动通信卡、公交卡、地铁卡、银行卡等各类信息整合到以手机为平台的载体中进行集成管理，并搭建与之配套的网络体系，从而为用户提供十分方便的支付以及身份认证渠道。为给消费者提供便利，并促进店内消费，实体店应开放各种各样的支付方式。

1. 人脸支付

人脸识别支付系统于2013年7月由芬兰创业公司Uniqul全球首次推出。人脸识别系统是一款基于脸部识别系统的支付平台，它不需要钱包、信用卡或手机，支付时只需要面对POS机屏幕上的摄像头，系统就会自动将消费者面部信息与个人账户相关联，整个交易过程十分便捷。

人脸识别与掌纹识别、指纹识别、骨骼识别、视网膜识别、心跳识别等都属于人体生物特征识别技术，它可以精准、快捷地进行身份认定。即使做了整容手术，该技术也能从几百项脸部特征中找出"原来的你"。

2. 指纹支付

指纹支付是采用目前已成熟的指纹系统进行消费认证，即顾客使用指纹注册成为指纹消费折扣联盟平台会员，通过指纹识别即可完成消费支付。支付宝作为最大的网购支付平台，已经完美支持指纹识别支付，从硬件级别上保护消费者购物的安全性，可以有效防止恶意软件窃取用户支付密码信息。

对于实体店的商家来说，使用指纹系统能避免以下问题。

会员卡或优惠券一次性支出成本高，产生库存导致浪费。

手工数据统计工作量大。

会员资料非常难查阅、统计和分析。

顾客流失现象比较严重。

营业额容易出现误差。

总部账目监督极不明确等。

会员奖励制度不够完善，会员激励机制不够完善等。

3. 声波支付

声波支付是利用声波的传输，完成两个设备的近场识别。其支付过程是：在第三方支付产品的手机客户端里，内置有"声波支付"功能，用户打开这个功能后，用手机麦克风对准收款方的麦克风，手机会播放一段"咻咻咻"的声音。然后售货机听到这段声波后就会自动处理，用户在自己手机上输入密码，售货机就会吐出商品。对于实体商家来说，声波支付所需感应设备的成本仅50元左右，因此颇具吸引力。

4. 扫码支付

扫码支付是用户通过手机客户端扫描二维码或商家使用电子支付工具

扫描用户的付款码，便可实现与商家账户的支付结算。

扫码支付在国内兴起并不是偶然，形成背景主要与我国IT技术的快速发展以及电子商务的快速推进有关。移动支付的核心价值是便捷，而扫码支付可以只在用户、商户和第三方支付之间进行，是多种移动支付方式中最方便和容易推广的。

5. NFC支付

NFC（Near Field Communication，近距离无线通信技术）支付是指消费者在购买商品或服务时，采用NFC技术通过手机等手持设备完成支付，是一种新兴的移动支付方式。

近距离无线通信技术是由非接触式射频识别（RFID）演变而来，由飞利浦半导体（现恩智浦半导体）、诺基亚和索尼共同研制开发，其基础是RFID及互联技术。

NFC手机是带有NFC模块的手机。Technavio报告分析称，2015—2019年NFC手机的复合年增长率达55.8%，涵盖了亚太、欧洲、美洲、中东以及非洲地区。除了NFC手机，还有许多可穿戴的智能移动设备也可以嵌入NFC芯片。

NFC支付与二维码扫码支付的区别是：NFC是一种高频无线通信技术，不需要使用移动网络。应用此技术的手机相当于把手机变成了支付终端，可直接刷机支付。

6. 光子支付

2015年6月，深圳光启智能光子技术有限公司和平安银行在平安银行总行大厦联合推出移动支付技术——光子支付。光子支付是以光为支付介质，利用手机闪光灯频率来实现授权、识别及信息传递的支付技术。

　　光子支付不需要连接网络，市面上的主流智能手机，只需要具备闪光功能，就能支持光子支付。光子支付的每一笔交易都可以通过可见光进行点对点信息传输，采用独创的光子动态加密，每道光都是不一样的，且单次有效。另外，在支付交易中还需用户在POS机上输入交易密码，从而实现双重安全保障。

融入物联网技术，提升门店的消费体验

物联网的英文是Internet of Things，缩写为IOT，这里的"物"指的是我们身边一切能与网络相连的物品。比如，我们身上穿着的衣服、戴着的手表、家里的家用电器和汽车，或者房屋本身等，只要能与网络相连，就都是物联网说的"物"。

物联网，最早叫"传感网"，1999年在美国被提出，它是指通过射频识别（RFID）、红外感应器、全球定位系统、激光扫描器等信息传感设备，按约定的协议，将任何物体与网络相连接，物体通过信息传播媒介进行信息交换和通信，以实现智能化识别、定位、跟踪、监管等功能。

其中，RFID技术是一种非接触式的无线射频识别技术，它可以实现对目标对象的自动识别，并从中获取某些重要数据；传感器是负责把物理现象用电子信号的形式输出，比如，有的传感器可以把温度和湿度作为电子信号输出，还有的传感器能把超声波和红外线等人类难以感知的现象转换成电子信号输出。当然，这些传感器大多置入各种各样的"物"里加以利用，称为传感设备。

如今，很多实体店企业都开始应用物联网技术来提升消费者的体验。在一些门店购物时，我们只要细心观察，就会发现店内的每件商品都有一

个独一无二的编码。比如，直接印在商品包装上的二维码，以标签形式附在商品的外部或内部的射频芯片等。其实，这些编码正是物联网技术用来识别物品的标签，而具有编码的商品则被称为物联网化商品。

在物联网技术应用方面，迪卡侬是一个很不错的榜样。迪卡侬是体育用品零售商，由米歇尔·雷勒克于1976年创立，2003年迪卡侬进入中国，目前已遍布全国46座城市178家商场。在它的门店中，所有商品都有一个使用无线射频识别技术的电子标签。

这个标签有很多用途，比如，消费者选择了一件运动T恤，在扫描商品标签后，就可以在手机上看到自己试穿这款衣服的样子；当消费者决定购买商品并到收银台付款时，收银员也不需要扫描每一件商品，只要等待几秒钟的时间就可以把商品价格清单完整地展示给消费者。这样一来，就缩短了消费者从挑选到结账的时间。

从这个案例中我们可以看出，物联网技术对消费者体验的影响很大。因此，实体门店要重视物联网技术，从而更好地提升消费者在门店的体验效果。

同时，实体店融入物联网技术，还可以对货物出入仓库、物流运送等环节进行跟踪，这样做有助于货物库存精准化管理、降低货物配送成本。据市场调研机构麦肯锡预测，运用RFID技术后，零售商在货物库存管理方面可节省约10%的成本。

利用人工智能技术，实现无人实体店铺

人工智能是研究、开发用于模拟、延伸和扩展人的智能的理论、方法、技术及应用系统的一门新的技术科学。人工智能是计算机科学的一个分支，它企图了解智能的实质，并生产出一种新的能和人类智能相似的方式做出反应的智能机器，该领域的研究包括机器人、语言识别、图像识别、自然语言处理和专家系统等。

过去，人工智能跟开店做生意是根本不沾边的，而且这完全是两个不同的领域，从业者更是完全不同的两类人。但是，再尖端的科技都是为人服务的，不能提升产业效率、给人带来方便的科技都不是创新，而是纸上谈兵。

如今，人工智能技术正在逐步落地，助力商业零售领域，使实体店铺更智能化。从目前的技术水平看，人工智能在实体店铺中的运用可大体分为三类，其作用分别相当于人类的三个器官：脑、眼、手。

1. 脑——管理和分析

脑是人身体的"中央处理器"，人工智能在这方面体现出数据处理以及深度学习的强大能力。实体零售商则通过人工智能数据分析平台，在很大程度上加强自己的分析能力，使自己可以更好地分配营销支出，识别

和培育高价值顾客，发挥好掌握的海量信息的优势。比如，建立用户信息库、预测消费行为、库存智能管理和供应链优化等。

2017年7月8日，阿里巴巴在杭州的淘宝造物节上推出了无人超市"淘咖啡"。淘咖啡店中的生物特征自主感知和学习系统，让消费者在不配合看镜头的情况下，精准地通过生物特征识别真人，再加上蚂蚁金服提供的IOT支付方案，为消费者创造极致的购物体验，真正地实现无收银台、无现金支付、拿完即走等智能化消费场景。

另外，店内目标监测及跟踪视频分析系统还能为商家优化运营提供有力帮助。比如，在店内通过捕捉消费者在货架面前的停留时长、运动轨迹，可以指导商家根据其需求、习惯，调整店内商品的陈列和服务装置；还可以根据消费者拿商品时的肢体语言、表情，帮助商家判断消费者是否喜欢某款商品。

2. 眼——识别与成像

眼是人接收信息的重要器官之一，人工智能在这方面体现出的功能是凭借计算机视觉和模式识别等深度学习技术，通过对大量图像进行分类和搜索，自动识别出图像和文本中的关键要素，再转交给"脑"处理这些信息，来为消费者提供便捷和个性化的消费体验，如人脸识别和人群识别、商品识别和虚拟试衣镜等。

3. 手——交互与协助

即融合人类的创造力和常识，强化机器的认知与行动。目前更多的是通过图像识别与算法编程，来达成人与机器之间的协作，如导购机器人、货架机器人、仓库机器人和配送机器人。

自2016年开始，京东物流X事业部便开始着手配送机器人的研发工作，由于应用场景广泛、商业价值高而一直备受关注。如今经过三年研发，京东配送机器人4.0代将于2020年正式投入使用。这款配送机器人终于从"概念"无人车实现量产。

配送机器人4.0续航里程达到100千米，承载重量可达到150千克，并能够对夜间行驶、恶劣天气等做出应对处理。另外，它搭载了京东物流X事业部自主研发的仿真系统，可模拟现实路况对配送机器人进行无限次的测试，工程师根据测试结果便可进行快速算法更新，促使这款产品能够进行快速的迭代与优化。

总的来说，无人实体店铺整合了如机器视觉、生物识别、深度学习算法等诸多人工智能技术，具备良好的购物体验、即拿即走、有助于了解消费者需求等优势。如今，人工智能以潜移默化的方式逐渐改变人们的生活习惯和方式，应用人工智能技术的实体店时代即将来临。

峰终定律——抓住顾客体验的关键时刻

峰终定律是由诺贝尔奖得主丹尼尔·卡尼曼提出来的，其含义是指人们对于某一段经历的记忆，只会记得高峰时和结束时的感觉，即"峰值"和"终值"的体验。

这条定律是基于我们潜意识总结的体验特点：通常，我们对一项事物体验后，所能记住的就只是在峰与终时的体验，而在过程中好与不好体验的比重、好与不好体验的时间长短，对记忆几乎没有影响。高峰之后，终点出现得越迅速，这件事留给我们的印象就越深刻。

这里的"峰"和"终"就是所谓的"关键时刻MOT"，MOT（Moment Of Truth）是服务界最具震撼力和影响力的管理概念与行为模式（见下图）。

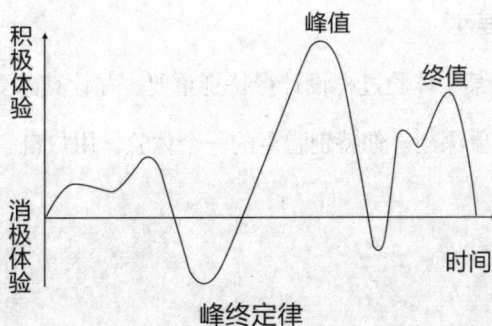

峰终定律

这个定律运用非常广泛，几乎所有的商业环境都能用到它。宜家就把这个定律运用得很好。其实，宜家的商业模式有很多体验不好的地方，比如，顾客只买一件家具也必须按照路线走完整个商场；顾客要自己提货，还得记下货物的位置，并从货架上搬下来。但是，宜家设计了非常棒的样板体验区，顾客可以随意坐在体验区的沙发上，或躺在床上。那么，非常棒的样板体验区就是它的峰值设计，除此以外，宜家还设计了体验很好的餐饮服务区，1元钱的冰激凌，这就是它的终值设计。所以，很多人能记住宜家的样板区和便宜、好吃的冰激凌。

另外，我们还可以从以下三个利用峰终定律的层面来制造难忘瞬间的方法。

1. 制造仪式感

比如，一家教育培训机构可以在培训的中间环节做几次小派对或茶话会，以打破人们对培训教育的僵化认知，拉近老师和同学间的关系。在培训结束时可以制造一个有仪式感的结业环节，如给学生颁发结业证书和小礼品等。

2. 制造惊喜

平淡生活中偶尔的惊喜总能让人印象深刻。行为心理学里的随机奖励就是利用了这个方法。

3. 突出重要性

即把用户的某个体验过程设计得特别重要，并让其感受到。重要的东西，总会让人印象深刻。你特别看重的一个体验，用户自然能感受得到。

18:26
Friday

第四章

服务精进：打造线上线下
全周期服务闭环

- 学习日本精益求精的服务
- 海底捞的极致服务
- 足不出户，实体店闪送到家
- 搞定挑剔的顾客，从这几点做起

学习日本精益求精的服务

在国内，很多实体零售商家总是抱怨经济形势不好，抱怨生意难做，抱怨电商对实体店的冲击太大。事实上，相对于提供极致的产品，提供让顾客尖叫的开创性产品服务更有竞争力。

在日本，电商为什么做不过实体店？除了线下完善发达的实体商业圈，日本电商有较高的企业征税等，日本实体零售商家的服务已经做到了极致。

它具体体现在以下几个方面：

1. 对孩子和特殊人群的极致关怀

日本商场会为带孩子和身体状况不好的顾客提供专业安全的婴儿车和轮椅。这些设施通常放置在商场门口，特殊人群可前往寻求帮助，这样顾客在逛商场时就不会觉得很累。更细致的是，在准备的婴儿车旁还放着安全消毒纸巾，让顾客可以擦拭婴儿车，保持干净和卫生。

另外，商场还为顾客准备了婴儿室，里面设有换尿裤台、哺乳区域。在哺乳区域是不允许男性进入的，哺乳区域的墙上还设有紧急按钮，以防止意外情况发生。

2. 洗手间的贴心设计

东京涩谷Hikarie是一个商业综合体，这里的厕所不叫Toilet或是Restroom，特别称作Switch room。它是以切换工作和休息，以日常和非日常为理念打造的空间，远远超越了厕所的概念。

女性厕所里，化妆专用台和洗手池是分开设立的，这样可以分流人群，避免排队；儿童厕所是和大人厕所分开的，这样既可以节省排队的时间，对孩子来说厕所的尺寸又方便使用。甚至有的厕所内还设计了孩子们最喜欢的动物；另外，厕所里还安了电子装置——音姬（日本人发明的一种可以发出流水声音的装置，用于遮掩如厕声音）。

3. 贴心的便民服务

顾客买好商品后，如果不想拎着大袋小袋回家，可以委托商场打包送货回家。这一服务并不局限于大件商品，其他小件商品如服饰、皮包、鞋子、日用品等都可以直接送到顾客的家中。

比如，日本的7-11便利店有自己送货的秘籍。顾客使用"轻松送"服务，可以通过电话订购店内的产品，也可以到店购物后向店员提出运送要求。与其他竞争对手不同的是，运送人员是由门店员工直接负责送货，而不是由快递从业人员送货。熟悉的面孔能让顾客有安全感，强化了买卖双方的信赖关系。

4. 充满诚意的道歉

遇到顾客投诉，服务人员不会有任何推脱，也不管是不是他们的问题，都会代表整个团队诚恳地道歉。他们一直遵循两个准则：第一个准则，顾客总是对的；第二个准则，如果有异议，参照第一条。

5. 周到的服务

下雨天，日本商场会从顾客需求的角度出发，分别准备雨具与擦拭身体的毛巾，贴心又可再利用；为方便携带旅行箱的外国游客前来购物，免费储物柜特意设计成可以装进旅行箱的大尺寸。

日本的木更津三井奥特莱斯购物城是一座海滨小镇，很多人会带宠物狗前来，为此，商场专门开辟了一个狗与主人共同的休息区，并有专为狗设计的拴狗桩。为保持清洁，在商场入口处还专门设有洗狗爪的水池。

另外，在餐厅就餐，你会发现餐桌上的餐巾纸、酱油瓶等一直会保持整齐的状态，因为服务员一直在及时地把它们复回原位，并保持餐巾纸、酱油等的充足。

6. 营业时不可以扫地

在日本，尤其是餐饮、旅馆等害怕扬尘的场所，营业时间是绝不可以扫地的，以防灰尘影响顾客。

因此，在这些场所，你几乎不会见到清洁人员拿着拖把走来走去的情景，一般清洁人员在开门前后完成这些清理工作。一些餐饮行业甚至进货都不在营业时间。

7. 准点开门迎客

日本的很多商场如永旺超市，每天开门的时间精确到秒，当顾客在门口等着进入商场时，店长和所有服务人员会准时守候在里面，看着秒针指向开门时间，低头迎接第一批顾客。每天营业结束后，店长会在最后几分钟向顾客鞠躬表示感谢。

总之，日本这种精益求精的服务，也可以说把附加服务做到了极致。附加服务是增加外延的服务，也是影响顾客重复购买的关键因素之一。附加服务不仅使核心产品易于使用，而且增加了核心产品的价值和吸引力。其范围和水平在企业对核心产品实施差异化战略、选择市场定位的过程中有重要作用。因此，我们要尽量做好附加服务，做到精益求精，这样才能更好地发展自己的实体店企业或品牌。

海底捞的极致服务

优质的餐饮服务是以一流的餐饮管理为基础的，而餐饮服务质量是餐饮管理体系的重要组成部分，对其控制和监督的目的是为顾客提供满意的服务，从而创造餐饮业良好的社会效益和经济效益。

从现在的火锅行业来看，发展最好的就属海底捞了，因为海底捞的服务给所有的餐饮品牌树立了一个标杆。当我们回顾海底捞的创业史时就会发现，海底捞获得胜利的最大法宝就是服务。也许是张勇误打误撞地发现了优质服务的重要性，但是他看到了良好服务带来的效益。

之前，有不少餐饮行业都在争先恐后地模仿海底捞，但它们仍然赶不上，不得不说海底捞是火锅界的龙头老大。除了火锅味道好之外，海底捞的极致服务让很多顾客体验后都难以忘记。

1. 顾客永远是上帝

为保证顾客有着上帝般的体验，海底捞制定了一整套的流程。从顾客等待时免费擦皮鞋、美甲、上网服务，到顾客入座后，为顾客挂好衣服，送上热水，为女士提供束头发用的皮筋，到就餐期间，服务员要时不时递上热毛巾，给戴眼镜的顾客送上眼镜布，及时收走桌上的垃圾。

在餐饮业普遍粗放管理的背景下，海底捞做足了这些工作，所以它成了个案。这些周到的服务成就了海底捞的顾客忠诚度，当你经过海底捞时，几乎天天都可以见到顾客排着长队等着吃火锅。

2. 让每一位顾客都满意

有这样一条"250定律"：每一位顾客大约有250个亲朋好友，如果赢得了1位顾客的好感，就意味着赢得了250个人的好感，而这250个人可能会变成潜在顾客。但是如果因服务不周到或其他原因得罪了1位顾客，也就意味着得罪了250个人，从而失去潜在顾客群。这对餐饮行业的损失是巨大的。因此，让每一位顾客都满意一直是海底捞与其他同行竞争的最有力武器。

3. 做好细节，用心服务

餐饮行业本身就属于服务行业，服务水平的高低至关重要。海底捞赢得无数口碑的招牌服务关键就是让顾客感到服务是贴心的、恰到好处的，是为顾客着想的，这种感受就来自海底捞的细节服务。

4. 与顾客交朋友

随着社会的发展，消费者的消费习惯和消费心理也在不断变化，基于"上帝"理念的要求，在服务过程中，经营者总是表现为盲目逢迎，与顾客处在不平等的位置上，而我们所追求的和谐服务就成了空谈。所以，我们应以顾客是朋友作为服务理念，让他们感受到友情的温馨，这样双方的关系才能达到和谐。海底捞发展到今天就是坚持以"顾客就是我们的朋友"的服务理念，成为顾客值得信赖的朋友。

足不出户，实体店闪送到家

以往的消费者在实体店挑选合适的产品、付款拿货后，都是自己带回家。如果购买的是小件商品，消费者就随手带走了，但如果购买的是大件商品或一大堆商品，消费者就要费些力气或支付运输费用了。

如今，消费者对末端的物流需求越来越高。实体店有自身的优势，如可以触摸商品，可以试穿、试吃或试用等，这样的便利无疑能大大提高销量。为了吸引更多的消费者，实体店应在自身优势的基础上，抓住末端物流这一机会，这样才会有更好的发展。

北京SKP是北京最具国际感的购物中心，被誉为"中国百货第一店""中国时尚风标"。与很多商业体不同的是，北京SKP更加注重"品牌与人"之间的关系，除了简单的消费和服务，还为不同人群提供非常细致的服务。SKP与闪送的合作就是在追求消费者服务体验上的一次较大尝试。闪送作为国内优质的同城速递服务公司，专注于1小时同城速递业务，采取专人直送的服务模式。在北京SKP购物的消费者可以用闪送将自己购买的商品送回家，并且当天就能使用购买的物品，避免了传统物流漫长的等待。

此外，2020年4月，科技巨头小米与闪送达成合作，成为其线下门店小米之家的同城服务合作伙伴。在线上下单后，闪送骑手会按照订单要求到小米指定的提货点取货，并配送到订单地址。

实体店可根据自身体量及经济性来决定与第三方平台合作或自建配送体系，做到精准服务，增加顾客黏性。总的来说，实体店送货到家比电商走物流要便捷得多。在一般电商平台购物，消费者从下单到收货，通常需要两三天时间，最快也要一天；而实体店送货到家是一种面向周边社区居民的"点对点、一对一"服务，消费者随时下单，门店随时送货，整个过程通常不超过1小时。这种方式能够大大满足人们的即时消费需求。

中南财经政法大学数字经济研究院执行院长盘和林认为，随着移动互联网技术的广泛应用，人们生产和生活的方方面面都在发生改变，线上消费习惯的逐渐养成和终端物流体系的不断完善为实体店到家业务的发展打下了坚实的基础，更多的零售企业能够以较低的成本触网上线，实现"到家+到店"两条腿走路。

在电商竞争日趋激烈且同质化的背景下，服务体验，尤其是物流是否"给力"成为消费者选择实体商家最重要的考虑因素之一。因此，实体店更要努力抓住这一机会，实现销售额的大幅度提升。

搞定挑剔的顾客，从这几点做起

很多实体店经营者都在感叹："现在的生意真不好做，顾客越来越挑剔了。"俗话说："嫌货才是买货人。"实体店经营者要认识到，对产品挑剔的客户才是好客户，也是有希望购买产品的客户。著名的推销大师乔·吉拉德曾说："客户挑剔并不可怕，可怕的是客户不对你和你的产品发表任何意见，只是把你一个人晾在一边。所以我一向欢迎潜在客户对我的产品挑三拣四、指指点点。只要他们开口说话，我就会想办法找到成交的机会。"

19世纪初，在法国巴黎，一个名叫鲍里斯的人开了一家餐厅。有一天，一位爱挑剔的富翁来这里吃饭，点了一份土豆。因为土豆刚从秘鲁引进来，属于稀罕物，人们为了不浪费土豆，总是选择整个煮熟了吃。

挑剔的富翁可不喜欢这种吃法，他觉得这样显得很粗鲁。于是，鲍里斯就把土豆剥了皮切成厚厚的一片一片的。但富翁看到后还是不喜欢，他说切得太厚了。这时，鲍里斯只能重新取出两个土豆来切，这次他切得很薄，富翁看到后依旧嫌弃说切得太厚了。服务员把土豆端回厨房，对鲍里斯说："老板，这个顾客太挑剔了，我们还是请他出去吧。"鲍里斯微笑着说："如果我不能满足一个挑剔的顾客，岂不是说明我没有能力？"说完，鲍里斯又开始尝试切土豆，这次他切得更薄了。

富翁见到后，满意地点点头，让鲍里斯把土豆煮熟。之后富翁又开始挑剔说："不行，煮得太软了，一碰就变成土豆糊了。"鲍里斯想了好久，终于想出一个让土豆变得又薄又硬的方法：把土豆切成片，放在油里炸，炸好后撒上盐和胡椒。这次土豆的做法终于让富翁满意了。从此，鲍里斯的餐厅里多了这道土豆招牌菜，吸引了许多慕名而来的顾客。

这个故事说明：我们不要抱怨顾客太挑剔，因为满足顾客苛刻要求的过程也是提升自己的机会。作为实体店经营者，要认清顾客挑剔的本质或真实诉求，从而不断提升自身的服务或产品。

顾客的挑剔只是表象，背后反映的本质主要有三方面的原因：第一，顾客对商品及服务的细节、品质、用心度，对消费过程中的体验要求越来越高，几乎容不得一点瑕疵；第二，顾客的维权意识越来越强，对于商家任何有损其利益的行为，他们都不会听之任之；第三，顾客对标准化的商品及服务越来越排斥，他们渴望享受量身打造的商品及服务，享受与众不同的消费满足感。

那么，面对挑剔的顾客，实体店经营者具体应如何做呢？

1. 耐心服务

面对挑剔的顾客时，实体店经营者首先应耐心服务，不抱怨、不指责。顾客想要的无非是好的产品和服务。在服务顾客的同时，还应洞悉顾客的需求，真正为他们解决心中对产品和服务的不满问题，提高顾客的消费满意度。

2. 耐心倾听

当顾客在表述自己的看法时，经营者要认真聆听，以满足顾客需要关注的心理需求，也使顾客产生被尊重的感觉，并由此产生亲近的心理，进而为下一步友好沟通打好基础。

那么，怎么才能做到主动用心倾听呢？首先，表情一定要专注，可以时不时地用"嗯""哦"等回应顾客，也可以适当发问或对其说话的内容进行重复；其次，是要听顾客的所有谈话内容，不管是和产品相关的，还是和对方自己相关的。

3. 给顾客提供一份可靠的承诺

顾客总是挑剔，有时是怕上当受骗，其实这很正常。特别是当顾客遇到产品的单价过高、数额较大、风险较大，而自己又对产品不太了解的时候，这种挑剔就更严重。

在这个时候，如果经营者能够及时给顾客提供一份可靠的承诺，那么顾客的挑剔行为就会大大消减。即使顾客最初不完全相信经营者的承诺，如果经营者的承诺靠谱，会使顾客的挑剔行为大大消减。

第五章

营销变革：开启线上线下齐头并进的模式

- 利用跨界营销，全方位包围消费者
- 找准自媒体平台，实现营销目的
- 事件营销：迅速引爆店铺的知名度
- 内容营销：打造有价值的内容
- 二维码营销："码"出门店大流量
- 品牌营销：以品牌思维来服务品牌

利用跨界营销，全方位包围消费者

"跨界"代表一种新锐的生活态度与审美方式的融合。跨界合作对于品牌的最大益处，是让原本毫不相干的元素相互渗透和融合，从而给品牌一种立体感和纵深感。在营销界，营销人士对跨界营销越来越热衷。如今，各大品牌纷纷绞尽脑汁地为消费者带来新鲜的跨界产品。

大白兔奶糖是几代中国人共同的童年回忆。随着中国改革的不断开放，各种进口糖果不断涌入，如比巴卜、MM豆、曼妥思、彩虹糖等逐渐抢占了市场，使大白兔奶糖渐渐地在市场上失去了光环。2018年，大白兔奶糖以另一种身份卷土重来——与美加净合作推出"大白兔润唇膏"，一下子火了起来。

2018年，故宫与百雀羚携手推出的宫廷限量款礼盒，让这两个品牌产生了灵魂的碰撞，故宫通过百雀羚产品作为文化载体，向年轻人展现了一个尽管历史悠久，但依然引领潮流的故宫形象。而百雀羚也借着故宫自身的历史底蕴，深化自己"东方之美"的品牌形象。此外，故宫还推出了各类跨界产品，从胶带、书签、信纸等文具，到口红、腮红、眼影等彩妆，一应俱全。

2019年2月，一款星巴克"猫爪杯"在中国区限量发售。这款杯子的照片一流出，便成了抢手货。众多网友按捺不住自己躁动的钱包：甭管是不是"猫奴"，纷纷前去体验。原本猫爪杯只是星巴克春季新品中普普通通的一员，就连星巴克品牌自身都未曾预料到会如此火爆，最初只安排在线下门店销售，遭疯抢后才上线天猫官方旗舰店。

总的来说，跨界营销可以给企业带来很多好处：一是对企业来说，进行跨界营销不仅能追求单一产品的高销量，更重要的是还能扩展新的消费群体；二是在经济持续增长的今天，人们对生活的要求越来越高，进行跨界营销能提升用户的体验；三是进行跨界营销能传递品牌文化，塑造良好的品牌形象；四是进行跨界营销能为品牌增加话题性，增加品牌记忆点。

但是，在现实的实施过程中，很多企业采取跨界营销并没有达到企业所预想的结果。在实施跨界营销的过程中，企业首先应遵循几个重要的原则：

1. 资源匹配

资源相匹配指两个不同品牌的企业在品牌、实力、营销思路和能力、企业战略、消费群体、市场地位等方面应该有的共性和对等性。

2. 消费群体一致性

要想使跨度营销得以实施，就要求双方企业或者品牌必须具备一致或者重复消费群体。

3. 品牌效应叠加

品牌效应叠加是指两个品牌在优劣势上进行相互补充，将各自已经确立的市场人气和品牌内蕴互相转移到对方品牌身上或者传播效应互相累加，从而丰富品牌的内涵和提升品牌整体影响力。

4. 互补原则

非产品功能互补原则指进行跨界相互合作的企业，在产品属性上两者要具备相对独立性，各取所需，是基于一种共性和共同的特质，如基于产品本身以外的互补，如品牌内涵、渠道、产品人气或消费群体。

5. 以用户为中心

"以用户为中心"是指企业的生产经营活动，要把满足用户的需要放在首位。生产经营什么，经营多少，什么时候进行生产经营，都应围绕用户的需要，随用户的需要而调整。

6. 品牌的非竞争性

参与跨界营销的品牌或企业是互惠互利、互相借势增长的共生关系，而不是此消彼长的竞争关系，因此合作的企业在品牌上应具有非竞争性。

总之，实体店应打破传统市场界限，与不同的企业找到利益共同点，进行跨界合作。同时，注意不要踩"雷区"，以免深陷泥潭。比如，跨界营销要避免"徒有其表"；跨界营销要避免"炒作"，炒作之所以行不通，从营销的角度来看，原因是品牌和企业的经营者必须说服消费者为产品买单，也就是说，品牌只有在得到消费者认可后，才能成功实现跨界；跨界营销勿忽视核心竞争力。跨界并不是简单的业务延伸或扩展，而是将若干行业的核心竞争力结合起来，并在原有业务框架下创造新的商业模式和盈利增长点。

找准自媒体平台，实现营销目的

自媒体是指普通大众通过网络等途径向外发布他们本身的事实和新闻的传播方式。在中国，自媒体发展主要分为四个阶段：2009年新浪微博上线，引起社交平台自媒体风潮；2012年微信公众号上线，自媒体向移动端发展；2012—2014年门户网站、视频、电商平台等纷纷涉足自媒体领域，促使平台多元化；从2015至今，直播、短视频等形式成为自媒体内容创业新热点。

从市场大环境的发展和变化来分析，自媒体是有前途的。对于实体店来说，通过自媒体营销可以提升实体店的知名度，推广店铺的产品，宣传店铺的文化，从而挖掘更多优质的用户，提高实体店的经济效益。

1. 微博和微信营销

下面我们一起来了解下两种常见的自媒体营销平台。

（1）微博营销

微博营销是指通过微博平台为商家、个人等创造价值而执行的一种营销方式。进行微博营销时要做到内容简明、直奔主题、紧贴生活、实用性强，这样才能一下子吸引粉丝的注意力。微博营销具有三点优势。

低成本。相比博客营销或论坛营销，做微博营销的平均成本比较低。

加之微博营销不需要严格审批、操作简单、信息发布便捷、不需要花额外的钱买域名和主机，所以它为商家节省了很多成本和时间。

覆盖面广。微博涵盖了各行各业的业内人士对一些问题的看法，加之微博平台的用户基数很大，微博营销有利于博友相互交流、互动和转发。

针对性强。由于关注商家或者产品的粉丝，都是该产品或相关产品的消费者或是潜在消费者，微博营销能与他们及时沟通，及时获得用户反馈，并且针对各类型用户进行精准营销策划。

（2）微信营销

在当今信息经济时代，因为微信具有不断完善的功能和爆发式的用户数量增长率，从而让不少商家意识到微信这一移动端应用软件是一个绝好的营销工具，并且在营销实践中已经让不少个人和商家尝到了甜头。那么，进行微信营销有哪些技巧呢？

微信公众号营销技巧有四点：第一，微信公众号营销要用心服务，以质取胜；第二，及时关注国家政策及微信新规定；第三，提高微信公众平台的安全性；第四，借鉴其他营销平台进行营销互补。

微信朋友圈营销技巧有三点。第一，了解朋友圈的特性：微信朋友圈里的人大多是朋友关系，即使不是朋友，至少也是有过交流的人。这就突破了交易中的信任难题。第二，遵循250法则。也就是说，微信朋友圈里的好友人数最好保持在250这个范围。第三，及时发布新动态。

2. 自媒体营销的误区

目前，虽然不少商家利用自媒体进行营销，但做出极好效果的很少，归结起来，主要是因为他们走入了这几个营销误区中：

（1）把自媒体当广告宣传单使用

当前很多自媒体运营者为了使营销效果更好，不断推送广告。这样势必让一些粉丝产生厌恶感，然后取消关注。因此，实体店在利用自媒体推送消息的过程中，要适当控制广告比例。

（2）把自媒体当成内刊经营

有些自媒体运营者每天总是发布一些企业获奖、公司活动、领导视察等与粉丝毫无关联的事情，却忽视了自媒体的其他功能。因此，实体店在推广公司文化的同时，不妨发布一些粉丝感兴趣的内容，这样营销效果会更佳。

（3）使用单一自媒体

实体店要想达到好的营销效果，就应使用好多个自媒体平台。比如，我们可以利用微博迅速将信息传播给更多的用户，利用微信可以与用户进行一对一的沟通。

事件营销：迅速引爆店铺的知名度

事件营销的基本逻辑是制造爆点，通过爆点引发传播，继而引发讨论，形成刷屏甚至现象级事件，最终使品牌得到广泛传播。简单来说，就是针对能够引发群体性围观并对品牌或销量产生较大影响的事件进行营销。其中丧茶就是知名的事件营销案例。

事件起源于喜茶入驻上海引发了空前的排队风潮，喝一杯茶需要排队2~3个小时，这使网友们各种抱怨，随后网易新闻与饿了么合作的丧茶快闪店就诞生了。它集中了三个爆点，这三个爆点使得丧茶立马在朋友圈刷屏，成为现象级爆品。

第一个爆点是丧茶的命名。本来是为了怼喜茶而开的一个小玩笑，却把一个看似"衰到极致"的调侃命名为一个品牌，与喜茶对应。

第二个爆点是丧茶的菜单。丧茶的菜单更是丧出了满满的槽点，在菜单上有"加油你是最胖的红茶拿铁""你不是一无所有你还有病啊乌龙茶"等6款"丧爆单品"，让年轻人自发和产品拍照并传播扩散。

第三个爆点是设计了一个生无可恋的羊驼卡通形象，这个形象"衰"到极点又娱乐至极，能引起情绪低落人群的情感认同，启发每个人在情绪低落时学会自我调侃、自我调节，从而走出低谷。

爆点的设计需要有"槽点"。所谓"槽点"，就是能吸引广大消费者关注的笑点、新奇点和感情认同点。经过研究发现，很多事件爆点的背后大多具备这三个思维和方法：第一是天时，就是基于对产品的特性和用户的使用场景及消费场景的理解与洞察，选择恰当的营销时机开展营销活动；第二是地利，就是有利于话题发酵和扩散的场景；第三是人和，就是种子用户和粉丝。好的活动策划要找对目标用户群，最好能够直击已经积累起来的种子用户和粉丝群体的内心。

事件营销对企业有三个方面的积极意义：一是能快速传播品牌，提升品牌的知名度；二是能具有广告效应，成功的事件营销能够获得媒体的参与，是不花钱的广告传播；三是能维护客户关系，提升公关形象。成功的事件营销会提升企业的品牌形象，使得客户关系更融洽，也会引发客户跟进，提升渠道数量，从而增加产品销量。因此，实体店在做营销时，可以利用事件营销迅速提升自己店铺的知名度和影响力。

内容营销：打造有价值的内容

内容营销是一种战略性的营销方式，它主要通过创造和分发有价值、相关性强和持续连贯性的内容来吸引并留住明确的目标受众，并最终驱动有需求的用户行为。其中，有价值的内容是指选中并组织、分享给客户的知识和信息，可以是有教育意义的、有帮助或激励作用的内容。同时，这些内容必须是客户欣赏和喜爱的内容。

内容所依附的载体可以是企业的LOGO、网站、画册、广告，甚至是纸杯、T恤、手提袋等，根据不同的载体，传递的介质各不相同，但是内容的核心应是一致的。下面我们一起来看一个运用内容营销的优秀案例。

江小白是一个白酒品牌，它通过强有力的内容营销引起年轻消费者对品牌的主动关注，让消费者主动搜索江小白，而不只是单纯地运用媒介曝光。

比如，它制作的动画短片《我是江小白》获得了2018"金奇力奖"动画营销案"最佳内容营销案例奖"；江小白的文案可以说是文案界的黑马，一条条"鸡汤语录""警醒语录"飞速传播在微博、微信和抖音中，虽然很多人没喝过江小白酒，但一定听过它的文案："总是期待下一次更好，却又很难不在意会等多久""想起好多人，不如陪好身边人""生活需要为自己奋斗，也是为梦想打工""省去最熟悉的套路，往往可以得到更走心的答案""你懂我的欲言又止，更懂我的言外之意"……江小白就是这样通过"表达瓶"将每个人的真实情绪传递出去，让企业与用户之间开始了真正意义上的互动。

实体店铺在运用内容营销时，应在心中牢记五个关键点。

1. 把客户放在第一位

在创作内容时，一定要围绕客户展开，也就是要以客户需求为导向。关于具体怎么做到以客户为导向，这里分享一个秘诀：当你创作一项内容时，无论它是文章还是视频，要假想自己在与面前的客户对话，你怎么能够讲清楚、引起对方的兴趣和关注。然后，你还需要从客户的视角来看这个内容是否能被吸引和打动。这样的反复推敲和换位思考在每次内容策划时都是必须要进行的。

2. 内容是需要推广的

没有推广，内容就只是内容。要想内容产生真正的价值，就需要推广，让更多的人看到它。在内容营销上的投入对企业来说不是消费，而是一种投资，并且可能需要一定的时间才能看到效果和回报。

3. 要持续、连贯和有节奏感

有不少企业都没有把这一点当回事，只是在需要推广的时候才会去更新，这是内容营销的大忌。你想想看，与人交友，是需要对方时才联系好，还是一直保持联系好？当然，大家都喜欢一直保持联系。内容营销的这一点与交朋友的道理是一样的。因此，运用此营销策略时，要持续、连贯和有节奏感，比如，注意内容发布的节奏和频次等。

4. 不是推销，而是帮助

通常，人们面对他人向自己推销时都会感到很厌烦，人们更想从内容中获得一些启发和帮助。因此，你要避免用你的内容进行"推销"。企业越了解它的客户，在帮助他们面对挑战方面所做出的努力和贡献就越大，企业也因此会变得越来越成功。

5. 用心打造精品内容

内容营销的关键是注重内容，要用心打造精品内容，通过精品内容来感染消费者，并以此为纽带使他们对品牌产生好感。2017年1月，由母婴内容创意平台"父母世界Parents"和京东超市、京东母婴共同打造的《妈妈的朋友圈》第1季的制作方始终坚持"内容生态建设""内容至上"的宗旨，把这个电商IP短视频做出了很高的水准。如果去除广告因素，人们完全可以把它当成一个温馨幽默的短片来看。因此，最后这个视频给制作方带来了极高的回报。

二维码营销："码"出门店大流量

我们都很熟悉二维码，它是一种在水平和垂直方向上都可以存储信息的条码格式，它能存储汉字、数字和图片等信息。因此，二维码的应用十分广泛。

二维码具有自己的特点。第一，编码容量大，互动性好。仅就容量而言，以常用的QR码为例，最多可容纳多达7089个数字字符或4296个字母字符，或1817个汉字字符，比普通条码信息容量大很多。第二，二维延展，大小尺寸可控。二维码的数据是在二维拓展，相对条形码尺寸范围可控。第三，容错及安全特性。所谓容错，就是二维码因污损等原因造成局部破坏，仍可正常使用。第四，使用方便且成本很低。二维码的生成和解码都非常方便。

二维码营销系统旨在通过二维码的应用，为终端店铺解决吸引客户、保留客户、提升客户购买热情等营销难题，促进终端店铺最大限度地节省营销成本，迅速提升业绩和品牌形象，维护核心客户的忠诚度。

1. 店铺商用二维码的生成

在百度中搜索"二维码生成"会出现很多二维码生成器公司；选择一个，然后就可以编辑你要制作的内容。商用的二维码应有一个庞大的后台作为支持，可以随时更改、删减扫描后所呈现的内容，根据不同活动做内容的一些调整。

2. 二维码营销设计

做二维码营销设计时应注意许多细节。

第一，出现在各类广告海报上的二维码要粘贴在便于识别的地方，太低不方便，太高够不着。

第二，二维码最好能融入设计元素里，有创意的二维码设计和品牌LOGO放在一起，能使人们对品牌产生较好的认同感。

第三，二维码最好不要贴在可移动的广告位上，比如车上等，这样既不安全也不方便。

第四，如果二维码出现在电视屏幕上，那就要考虑电视播放知识和屏幕尺寸的问题，最好把二维码做大一些，清晰度高一些。

另外，二维码放置的时间最好长一些，以免人们来不及扫描就换图了。

3. 二维码营销成功案例

在熙熙攘攘的地铁站里，韩国的零售巨头特易购公司推出了"移动超级市场"，人们能够迅速地扫描选购需要的商品。当他们晚上回到家时，在线上已经购买的商品早已送达，凭借这一举措，特易购很快成了韩国在线零售业务的领跑者。

吉尼斯黑啤发布过一个啤酒杯的二维码营销广告。啤酒杯的杯身上印有一个白色的二维码，人们只要扫描该二维码，就可以免费获得一张特价券或优惠券。而这种杯身是透明的，酒杯中没有酒时是不能扫描的，只有在酒杯中倒入颜色够深的吉尼斯黑啤后，才可以进行扫描。该二维码营销的方案针对黑啤有区别于其他黄色啤酒的黑色色泽，进行了巧妙地构思和设计，并考虑到产品的销售和优惠活动，加上有特色的趣味性，在一段时间内获得了不错的营销效果。

品牌营销：以品牌思维来服务品牌

品牌营销是指企业通过利用消费者对产品的需求，然后用产品的质量、文化以及独特性的宣传来创造一个牌子在用户心中的价值认可，最终形成品牌效益的营销策略和过程。

在现实中，很多企业之所以做不好品牌，核心问题就在于用营销思维做品牌，而非用品牌思维来服务品牌。营销是一种消费行为，目的是用最少的钱达到最好的收益，付出营销费用后就需要马上得到回报；而品牌是一种投资行为，是长期的价值投资，能够带来品牌溢价和市场优势。当然，投资是有滞后效应的，因此需要我们耐心等待，专注于做品牌。

在做品牌营销的工作过程中，以下是给大家的一些比较实际的建议。

1. 这样让消费者快速记住你的品牌

据统计，一天中一个人会接触5000个品牌以上。很多人看到这个数字后可能觉得不可思议，这也是能够理解的。由于我们所接触的品牌中有98%都没有引起我们的注意，通常都会被我们忽视，并且许多新品牌都湮没在浩瀚的品牌大海中。

那么，怎样让自己的品牌进入消费者的主观印象中，让消费者对品牌产生深刻的印象呢？利用以下五种视觉表达的方式来让消费者对品牌产生深刻印象。

（1）简洁的图形

简洁、独特的图形设计，可以使其在很远的地方被看到。比如，每日优鲜的标志。

（2）独有的颜色

独特的颜色不仅能吸引消费者的注意，还可以激发消费者的感情。也可以说，独特的颜色能传递品牌的理念和价值观信息。通常，单一的、大块的颜色比纷杂的、小块的颜色更能给消费者带来舒适的感受。

（3）具象化的产品

企业要想让消费者认知自己的品牌，对品牌形成熟悉的心态，从而达到"先入为主"的目的，就需要通过一些具象化的产品让消费者对产品产生认知。

（4）特殊的包装

产品包装要素有商标或品牌、产品标签、包装材料、包装图案、包装颜色和包装形状。因此，只要这些包装要素够特殊，就容易给消费者留下深刻的印象。

（5）常用符号特殊化

符号承担着一个很重要的作用，它将无形的含义视觉化，并在含义与图像之间建立固定的联系，让人一看到这个符号就会联想到其背后的含义。比如，耐克的符号，我们一看到那个符号，就会想到耐克。

2. 这样将品牌高效地推广出去

要想高效地将品牌推广出去，需要企业做好三个方面的工作。

（1）了解消费者

消费者是企业品牌的最终接受者，因此，"搞定"消费者意味着推广品牌成功了一半。第一，对于大众消费者，要挖掘底层需求；第二，快速找到小众的、个性的消费者，明确他们的消费特征、消费习惯、接受品牌信息的途径、方法和使用产品的频率与方式；第三，挖掘企业的超级消费者，了解超级消费者产生的成因和特质。超级消费者指那些既有重度购买热情，又能为企业带来高收益的消费者。

（2）品牌广告策略的制定

品牌广告不仅是对品牌的宣传和推广，也是企业向消费者传递信息和经营理念的最佳途径，因此，明确广告的制定策略对消费者来说至关重要。第一，品牌广告策略的基本框架有广告目标、投放广告渠道、广告的表现手法和广告主张；第二，选择线上推广渠道；第三，线下、电视广告；第四，降低广告费成本；第五，广告广泛投放前要做试点检验等。

（3）品牌调研

品牌调研是企业不可忽视的一个环节。第一，品牌调研要线上线下兼顾。线上调研时，应重点关注目标消费者使用频度较高的几种线上媒介，利用这些媒介进行调研能够得到有效的调研结果。线下调研时，可以让消费者在体验品牌理念的前提下进行进一步的建议调研，这样不仅能起到调研的作用，也能吸引一部分潜在的消费者。第二，调研要避开陷阱。比如，没有将具体工作落到实处，没有深入调研分析，被动随波逐流地调研等。

最后，品牌营销还需要做很多工作，企业人员应深入地去研究，才能把工作做得更好，从而把品牌做得更大。

18:26
Friday

第六章

粉丝经济：实体店应如何引流获客

· 什么是粉丝经济

· 通过微信小程序引流创意获客

· 玩转社群，拥有源源不断的资源池

· 直播能快速聚集店铺的粉丝

· 多搞促销活动，也能吸引顾客

· 会员制，促使门店爆客且持续盈利

什么是粉丝经济

粉丝经济泛指架构在粉丝和被关注者关系之上的经营性创收行为，通常情况下有着较高知名度的明星、偶像和行业名人是社交平台上被关注的热点，并因此有着很高的经济价值。

如今，粉丝经济的适用范围已经大大扩展，自媒体、网红、商家、企业甚至个人都可以拥有自己的粉丝，因此，围绕粉丝的创收行为，都可以视为粉丝经济。

在互联网时代，谁能把握住粉丝的心理，谁就可以拥有绝对的市场；谁拥有的粉丝数量多，谁就可以占有更多的市场份额；谁的粉丝黏性大，谁的企业或品牌就可以持续发展下去。因此，我们也可以说如今是粉丝经济的时代。

1. 粉丝经济的爆发："罗辑思维"和粉丝思维

粉丝的力量是巨大的。最近，在粉丝思维下再次衍生出了一种被称作"罗辑思维"的粉丝应用模式，它的创始人罗振宇被亲切地称为"罗胖"。众所周知，许多信息公众平台的盈利模式都是通过会员制来实现的，但是在罗辑思维创办三个月的时候，并没有实行会员制，而是在坚持了半年后，在保证内容质量的前提下，才实施的会员制，当时罗振宇所拥有的粉丝已有将近60万名，进账达160万元，这个数字成为当时使用微信赚钱的最高成交额。可以说，罗辑思维在对粉丝经济的影响上，是实打实的开创者。

随着粉丝经济的发展，人们对粉丝思维越来越重视。很多人用粉丝思维来运作媒体圈用户，便于培养粉丝们的忠诚度，增加产品与粉丝的黏性，通过这种方式增加粉丝，提高粉丝的质量，最终形成庞大的粉丝群体，保证品牌长时间地生存下去。

事实上，无论是罗辑思维还是粉丝思维，都可以看作互联网思维下促使粉丝经济大爆发的主要运作方法。这种爆发体现在粉丝的增长及盈利模式的转换上。很多企业和自媒体都开始通过增强自身影响力和品牌知名度来增加自己的粉丝数量，从而提高企业的盈利水平。

2. 用IP引爆粉丝经济

在互联网时代，粉丝经济正在成为一个新风口，IP经济无疑是粉丝经济"钱景"最直接的体现。IP是指具有一定影响力的品牌形象等知识产权，通过IP授权或贩卖可以获得巨大的市场盈利。IP的形式有很多种，包括一个故事、一个表情包、动漫、文学、游戏、艺术、一个角色等。

玛氏集团在上海南京路开业的M豆巧克力世界，是典型的IP化体验店。在800平方米的店内，随处可见各种拟人化的豆形象玩偶，吸引了很多消费者。店里除了有M豆，还有抱枕、服装、玩具、文具等多个周边品类。据悉，马克杯、背包等周边品类已经成为近年来玛氏集团在美国市场获得增长的主力军。因此，实体店经营者可以借鉴M豆巧克力的创意，增加自己的粉丝数量。

通过微信小程序引流创意获客

2017年1月9日，微信小程序正式上线。许多人之所以从使用App和订阅号转为使用微信小程序，其中一个很重要的原因就是小程序能提供良好的用户体验。而小程序良好的用户体验很大程度上得益于它的这几个优点：第一，小程序不需要下载安装，用户扫一扫或者搜一下即可打开应用；第二，小程序不需要卸载，直接点击页面上的"删除"按钮即可；第三，小程序没有订阅数量，有的只是访问量，再加上微信的用户信息可用于小程序，用户使用小程序的简单程度与访问网站基本无异；第四，小程序不向用户推送信息。

正因为小程序的许多优点，很多企业都开发了自己的微信小程序，也涌现出一些成绩瞩目的微信小程序。摩拜单车与微信小程序在合作初期，不仅月活跃用户环比增速达到200%，每天更有50%以上的新增注册用户来自微信小程序。

另外，2019年8月9日，微信向开发者发布新能力公测与更新公告，微信PC版新版本中，支持打开聊天中分享的微信小程序。在微信小程序右上角的操作选项中，可以进行"最小化"操作，让微信小程序像其他PC软件一样最小化，排列于Windows系统的任务栏中。

微信小程序开发门槛相对较低，难度不及App，能够满足简单的基础应用，适合生活服务类线下店铺以及非刚需低频应用的转换。那么，实体店如何运营微信小程序，才能吸引更多的顾客呢？

1. 利用好搜索栏

在影响小程序搜索排名的各种因素中，最直观的无疑就是关键词。因此，要利用好搜索栏，首先需要做的就是用好关键词，运营者可从三方面进行把握：确定合适的关键词、掌握关键词运营技巧和提高关键词搜索排名。

（1）确定合适的关键词

确定关键词有两种方法：一种是根据业务确定关键词，另一种是通过预测选择关键词（关注社会新闻）。

（2）掌握关键词运营技巧

在对关键词进行运营时，运营者要掌握两种技巧：一是自定义关键词技巧，二是关键词使用技巧。

（3）提高关键词搜索排名

关键词的精准程度、小程序的使用次数和小程序的发布认证时间，这三个要素是提高小程序搜索排名的关键。关键词越精准地描述小程序的功能或业务，小程序使用次数越多，小程序发布的时间越早，越能提高关键词的搜索排名。

2. 抢占新媒体流量入口

流量的多少直接关系到小程序的成功与否，而小程序要想获得充足流量，抢占新媒体流量入口是运营工作的重中之重。以下介绍四种新媒体平台来抢占流量。

（1）微信平台

运营者可借助微信平台的力量，通过扫码推广、分享推广、公众号推广等方式来获取流量。

（2）微博平台

微博的每一个用户都是小程序运营者的潜在营销对象，运营者可利用微博更新消息、向网友传播小程序的相关信息，从而增加小程序的曝光率。

（3）百科平台

运营者可借助百科平台，将小程序的相关信息传递给用户，方便用户形成对小程序品牌和产品的认知，同时也有利于向潜在用户推广小程序。

（4）问答平台

问答平台在营销推广上具有两大优势：精准度和可信度高。这两种优势能形成口碑效应。

另外，还有直播平台、视频平台、音频平台、论坛平台和网站平台等，运营者都可用来获取充足的流量。

3. 其他运营策略

除了以上运营策略，小程序运营者还可以通过其他借力运营策略谋求小程序的发展。比如，小程序应用市场引流、关注"小程序数据助手"、将小程序与公众号关联等。

（1）小程序应用市场引流

它不仅具有一定的流量，更为小程序的推广提供了诸多便利。应用市场不仅对小程序进行了测评和推荐，还可通过二维码的放置为小程序提供流量入口。

（2）关注"小程序数据助手"

运营者可以通过"小程序数据助手"实时查看小程序的相关数据。

（3）将小程序与公众号关联

微信公众号对于小程序的宣传作用是很大的，运营者不仅能在公众号的菜单栏和文章内容中直接设置小程序的入口并对小程序进行宣传，还能让小程序出现在公众号的信息介绍中。

玩转社群，拥有源源不断的资源池

社群指互联网社群，是一群被商业产品满足需求的消费者，以兴趣和相同价值观集结起来的固定群组。它的组成是志趣相投的消费者，它的特质是去中心化、兴趣化，并且具有中心固定、边缘分散的特性。

社群在功能上突出群体交流、分工协作和相近兴趣，强调群体和个体之间的交互关系。社群成员之间有一致的行为目标和规范，并且通过持续的互动，形成较强的社群情感，是一种突破时间、空间，更强调实时性、社交性的人际沟通的关系群体。如果实体店经营者能够迅速聚集这些追随者，即让所有社群成员成为粉丝，就更有可能使其成为客户。

1. 社群的分类

不同的定位和性质，成就多样化的社群。

（1）产品型社群

优秀的产品能直接带来可观的用户、粉丝群体，基于这个群体往往还可以开展更多业务，实现利润的增加。如果企业能够经营自身的产品社群，做到营销和产品合一、粉丝和用户合一，那么未必要通过产品直接盈利，有更多的盈利方式可供探索。

小米社区是产品型社群的典型代表。对用户来说，它是一个快捷、低成本的交流分享平台，通过它可以和小米的工程师进行交流，反馈意见，参与产品设计研发。这使得大量用户获得了体验感与满足感，从而极大地提高了用户的活跃度。同时，小米打造极致单品的爆款模式以及"为发烧而生"的口号，使得小米手机用户获得了极强的群体认同感和归属感。更关键的是，雷军通过微博积极地和米粉互动，以增进其与米粉之间的感情。截至2020年4月，雷军的微博粉丝数量已达到2274.9万人。

（2）兴趣型社群

兴趣型社群，就是基于兴趣而创建的社群，通过虚拟的网络由具有共同兴趣的参与者组成。在这个追求自由化、多元化、个性化的社群时代，来自个体成员的非常微小的兴趣、精细的需求、细腻的情感，都能找到同类的人组成社群，个人的兴趣因为有了社群的互动而得到共鸣和放大。

（3）品牌型社群

品牌型社群是一种新的品牌营销模式，这一概念强调品牌与消费者以及消费者之间的各种关系，而不只是当前顾客会员制所强调的折扣与优惠。品牌社群是消费者以品牌为联系纽带，围绕品牌为中心自发形成的组织。

（4）知识型社群

知识型社群，狭义上讲是指透过互动机制，如讨论区、留言板、聊天室和公布栏等，共同创造知识、分享知识的企业团体。

（5）工具型社群

工具型社群，更具体地说应该是社群应用平台，如微博、微信、陌陌等，是为人们进行社群交流提供的基础性工具。如今，社群已经渗透人们的工作、学习和生活中，成为一种普遍的日常状态。在这一趋势中，社群成了加强实时沟通的一种灵活、方便的工具。

2. 社群构建的基本要素

社群构建的基本要素主要有三个，其具体内容如下。

（1）定位

我们为什么要建立社群？通俗地讲，就是让对的人在一起做对的事。"对的事"是指要明确这个社群的主题。"对的人"是指要吸引精准的成员。因此，建立社群之前一定要做好定位，有明确定位的社群才能成长。

需要注意的是，定位的主题一定是小的、领域细分的、比较精准的。因为社群需要朝同一个方向，同一个话题才能更好地展开讨论并且产出价值，也才能成长起来。

（2）聚粉

聚集粉丝和维护是比较困难的。我们可以通过这些方法来增加新的粉丝：多与粉丝交流。社群领袖可以多分享日常生活中的点滴或成长与创业的经历，与粉丝互动，增进彼此的了解；多组织创意活动。社群必须活跃起来，通过创意吸引粉丝的眼球，并邀请他们参加品牌活动；发挥奖励的作用。社群领袖要时不时地向粉丝派送奖励，这是激发他们积极性的最有效手段。

（3）运营

运营是社群正式运作的开始。运营的好坏关系社群的寿命长短。如果没有一个好的运营管理，社群是很难长期维持下去的。一般来说，一个社群从始至终要建立"四感"：仪式感、参与感、组织感和归属感。

社群运营时，要注意以下三点：第一，切忌单打独斗，要懂得社群间的相互融合和相互合作；第二，不要只顾卖产品，而要以用户的实际需求、兴趣、便利、体验为出发点做好宣传，这样才能真正赢得用户的肯定和认可；第三，一定要有信仰，有信仰的社群，才能长久地持续下去。

直播能快速聚集店铺的粉丝

在互联网高速发展的社会环境下，直播以势不可当的形势迅猛发展，一个又一个平凡人成为主播，创造了迅速致富的新神话。直播的具体优势在于商家可以通过实时展示，将商品的信息和使用效果等清晰地呈现给消费者，而且，直播营造的火热氛围，往往可以给店铺带来更大的流量粉丝和更高的消费转换率。

无论是线上的电商平台，还是线下的实体店，都可以借助直播的力量，为店铺的发展带来更多可能。直播带货是销售的一种形式，为了达到良好的带货效果，需要提前做好一系列的准备工作，如团队组建、硬件准备和直播选品等。

1. 组建一支直播团队

一场好的直播，除了需要风趣幽默的主播以外，还需要很多工作人员，大家共同组合成一支团队，并且各司其职，才能轻松地应对直播中遇到的各种问题。直播团队包括主播团队和运营团队。

（1）主播团队

主播团队里有主播、副播和助理。

主播：是直播间的门面，也是最重要的团队人员，因此直播带货对主播有很高的要求。首先，主播要具备良好的形象和气质，同时，还要根据店铺的特点，以及商品面向的群体，选择气质相符的主播；其次，主播最好选择性格活泼、不易发怒的人；再次，主播还要有较强的语言表达能力和临场应变能力；最后，主播一定要懂产品，无论是从制造工艺还是从使用体验，都能为观众提供专业的建议。

副播：其任务是协助主播进行直播，在介绍产品时，可以配合主播，同时要向观众讲解直播间的规则等。

助理：其职责是负责配合直播间所有现场工作，如操作直播中控台、控制直播间节奏、调试灯光设备、摆放商品等。

（2）运营团队

一个好主播往往背后都有一支好团队，主播在屏幕前与观众交流，团队在屏幕后提供支持。那么，运营团队通常由哪些人组成呢？

一是编导。其任务是负责直播节目选题、统筹和执行，他们通常对电商直播有着深刻的认识，并且熟悉短视频拍摄，还懂得编写直播脚本。

二是产品运营人员。其任务通常有三个：内容运营、活动运营、用户维护。

三是后期制作人员。在直播结束以后，通常还需要把直播中有趣的部分挑出来，配上一些特效，剪辑成短视频，发布到网上，完成进一步的传播。

四是客服人员。其任务是负责直播间互动答疑、直播间配合主播、售后发货问题等，为此客服人员必须熟悉直播间的内容和福利，避免一问三不知。

2. 准备直播的硬件设备

在生活中，一部手机便可以让我们在网上实现直播，但是电商直播往往需要配备一些专业的设备，以便获得更好的直播效果。

（1）摄像头

尽管目前的手机拍摄已经拥有不错的效果，然而电商直播最好还是选择成像效果更好的专业摄像头。

（2）麦克风

直播的音频设备同样十分重要，一个高品质麦克风，具有延迟短、灵敏度高的特点，让你的声音听起来更真实。

（3）声卡、调音台

声卡和调音台通常搭配使用，其主要作用是提升声音清晰度、消除杂音、增加互动效果等。

（4）手机支架和三脚架

在直播过程中，主播有时需要使用手机查看直播间的留言和弹幕，此时可以使用手机支架，将手机固定在桌面上。三脚架的主要作用是固定摄像头和云台，配套使用能大大地提升相机的稳固性，避免画面抖动、模糊。

（5）电脑

使用PC客户端可以让直播更加稳定，避免出现网络不稳定，有效避免直播卡顿。

（6）摄影灯

摄影灯的作用是提供光源，让画面的成像质量能够得到保障。

（7）柔光箱和补光灯

柔光箱通常与摄影灯搭配使用，它可以让摄影灯发出的光更柔和，拍摄时能消除照片上的光斑和阴影。补光灯能够提供全方位无死角、完全消除阴影的照明条件。

（8）背景布

背景建议以浅色、纯色为主，显得简洁、大方，不花哨、凌乱。不建议以纯白墙为背景，白墙易曝光过度或显得主播等人脸色暗黄。

3. 直播选品

适合直播的商品大致有以下几个：

（1）快速消费品

快速消费品是指那些使用寿命较短、消费速度较快的商品，并且具备很强的实用性，此类商品拥有广泛的消费群体，基本是以大批量走货为特点，这样的产品很容易获得不错的销售。

（2）无法亲自体验的商品

有些商品是用户很难亲身体验的，其中可能存在很多困难，如信息不对称、距离太远、费用太高等，让用户在这样的情况下做出购买决策是很难的，如果能够针对这些商品做一场直播，向用户详细解读其中的细节，一定会引发用户很大的兴趣。

（3）具有品牌知名度的商品

与知名度较高的品牌进行合作，也是一种常见的营销方法。有了品牌的加持，直播更容易受到观众的关注。而且品牌商的商品大多质量过硬、竞争力强，只是价格不便宜，如果在直播间内发放折扣券，更容易制造爆款。

有广泛知名度的产品，因为有品牌本身作为背书，所以也属于在直播过程中不会"出错"的产品。

　　综上所述，主播推荐的商品，肯定是受众很明确的、性价比高、质量好、用途广，并且是同生活密切相关的具备某些功能、满足某些心理等方面的商品。

多搞促销活动，也能吸引顾客

促销实质上是一种沟通活动，即营销者发出作为刺激消费的各种信息，把信息传递到一个或更多的目标对象（即信息接受者，如听众、观众、读者、消费者或用户等），以影响其态度和行为。

实体经营者可根据实际情况及市场、产品等因素选择一种或多种促销手段的组合，来吸引更多顾客进店。当然，如果实体店经营者在线上和线下同时进行促销，那么吸粉效果会更好。

1. 节日促销

节日是实体店促销的好机会，在元宵节、情人节、劳动节、青年节、儿童节、端午节、国庆节等这些节日里，实体店要将这些时间点充分利用起来，就可以有效地促进实体店的销量，盘活实体店的库存。

节日促销不同于普通促销，需要注意节日的各种风俗、礼仪和习惯等，在使用促销手段时，更要切合节日促销的含义。

2. 新品促销

新品上市时，只有做好新品的推广促销和宣传，才能顺利抢占市场。

（1）做好促销前的准备工作

比如，要对工作人员进行培训，设置吸引顾客的柜台陈列，制作精美醒目的新品促销广告等。

（2）选择合适的新品促销方式

比如，新品预售、前十名顾客优惠、赠送小包装等。

3. 活动促销

专门借助特定的活动来传播产品及实体店品牌形象，可以有效吸引顾客。实体店可组织的促销活动主要有：举办商品展览会，举办娱乐活动与游戏，制造一些有影响力的事件，召开新闻发布会等。

4. 店庆促销

店庆就是实体店为了庆祝自己成立多少周年而举办的活动。实体店要抓住店庆的时机，主动给顾客优惠，就能将顾客的注意力吸引过来。那么，该如何开展店庆促销活动呢？

（1）需要营造店庆的喜悦氛围

常用的方法是活动期间在页面上展示，比如，在店招、海报、活动二级页等页面上突出活动的主要氛围。

（2）明确促销活动的主题

店庆活动主题的样式可以多一些，比如，以感恩回馈做主题，但不能使用直白的促销口号。

（3）做好活动前的预热

具体的预热时间要依据活动的大小来确定，以店庆为主的大型活动的预热期为活动前的3～5天。

（4）选择合适的促销方式

较为流行的促销方式有购物返券、价外馈赠、有奖销售、限时秒杀、积分返利、会员折扣和文化促销等。

5. 存货促销

一直以来，库存都是实体店经营面临的难题。在最短的时间内快速地消化掉库存，可以减少资金占用，最终降低成本，取得好的经济效益。具体可以从两个方面做起。

（1）做好前期准备

比如，宣传造势到位，合理定价。

（2）选择合适的促销方式

比如，用赠品促进销售，用畅销品带动滞销品等。

会员制，促使门店爆客且持续盈利

会员制是由组织或个人发起，并在一定的运作下吸引会员自愿加入的一种制度。目的是定期与消费者联系，并提供优惠的服务和利益。目前，很多实体店都开始实行会员制，希望以会员的方式为门店引入流量。

消费者对会员制营销并不陌生，谁没几张会员卡？但仔细盘点一下，发现大多数卡片都处于"沉睡"状态。在竞争激烈的当下，实体店要如何利用好会员制，引来更多的客流呢？

1. 给予有吸引力的会员权益

会员权益是什么？简单来说就是商家可以给予消费者的好处。大多数会员卡就是个购物凭证，会员的权益无非是购物折扣、积分、积分换购，久而久之，消费者就会对此没了感觉——我是谁的会员没什么区别。

在这方面，可以对比一下宜家会员的福利：可以在宜家餐厅享受免费咖啡和精选会员价美食，天天都有会员特价产品，退换货可延长至180天，可以第一时间收到《家居指南》，第一时间获知各种优惠信息，可以获邀参加会员体验活动。

因此，店铺在设计会员权益时一定要有吸引力，同时也应科学设计，不能因设计不合理而使店铺赔钱。

2. 设置入会门槛

通常，门槛越高效果越好，门槛越低效果则越差。因为门槛较高时，顾客会觉得好不容易才成了会员，因此会充分利用会员的身份进店消费。比如，许多线上和线下的店铺实行的付费会员制。

2015年10月，京东"PLUS会员"正式上线，京东成为国内第一家推出付费会员制的电商平台。2019年11月11日，"2019京东11.11媒体开放日"在京东总部举行，京东PLUS会员业务负责人孟春慧向外界公布，京东PLUS会员数量已经超过1500万人。

2017年10月，实体便利店便利蜂推出付费会员——超级会员。据悉，非付费会员变成付费会员之后，凑单情况比较多，会员尽可能享受满返活动，拉高了单笔客单价。

付费会员制对于顾客和店铺都是有利的。对于店铺来说，提供更加多元、细分的差异化服务，不仅可以巩固老顾客的黏性，同时可以让顾客基础进一步扩大。对于顾客来说，付费会员服务不仅体现在供应链、物流等基础服务能力上，还体现在帮助顾客挑选商品、决策等方面，起到导购的作用。

3. 进行会员档案管理

会员档案管理十分重要。那么，要从哪几个方面着手呢？

（1）明确硬件档案和软件档案

硬件档案是指姓名、年龄、性别、电话号码、住址、消费习惯、消费产品的型号等；软件档案是指个人消费习惯、个人喜好、家庭状况、工作状况、娱乐爱好、喜欢的服务方式、对促销信息的接受情况等。在建立档案时，要将上述信息了解清楚，之后统一填写在纸质表格上，内容越详细越好；后期再安排人员把信息整理成基础数据库。

（2）根据不同标准设置不同档案

一是常规档案，包括顾客的一些基本信息。

二是消费档案，包括顾客进店消费的金额、每月消费的次数、消费习惯与使用何种支付方式等，有利于了解顾客的消费水平、观念、能力等。

三是反馈意见档案，这是会员档案管理中很重要的内容之一，包括顾客在实体店消费期间的意见和建议、表扬或赞誉、投诉及处理结果等。实体店可根据整理的这些会员档案资料，找出经营过程中存在的优点与缺点，更加深入了解顾客的需求，从而提升自身的产品和服务水平。

4. 提高会员活动的参与性

要让会员活动成为带着情感体验的营销，为会员搭建体验平台、交友平台和商务平台，在寻找新顾客的同时，挖掘老顾客的新需求，从真实生活场景出发去设置活动内容和体验方式，可以让营销策略更具针对性和合理性。

5. 与会员保持定期沟通

在移动互联网时代，很多实体店通过微信公众号来与会员进行沟通，每周都会发送图文信息来和顾客进行互动。

实体店一方面要大力吸引新会员，另一方面要对现有的会员展开针对性的营销，增强会员的黏性，提高顾客的重复购买率。

第七章

数据化应用：助力实体店高效运营

- 大数据是实体店线上线下运营的关键
- 关注大数据时代下的零售小数据
- 大数据广告：传统广告模型的数字化转型
- 卡西欧："特别懂你"的智慧门店

大数据是实体店线上线下运营的关键

关于大数据的定义，麦肯锡全球研究所曾给出这样的解释：大数据是一种规模大到在获取、管理、分析方面大大超出传统数据库软件工具能力范围的数据集合。它具有四大特征：海量的数据规模、快速的数据流转、多样的数据类型和价值密度低。简而言之，大数据就是对海量数据中那些有意义的数据进行专业化的处理。

传统实体店最大的弊端就是不能收集消费者的有效数据，也不能对消费者的消费行为进行分析和预测，从而无法根据数据分析来实现精细化的运营管理与精准营销。

大数据对于实体店线上线下的融合有着重要的作用，是必不可少的运营工具。企业要想运用大数据，首先要确保拥有海量的动态数据，因为只有动态数据才有参考价值。那么，静态数据和动态数据有什么区别呢？我们首先了解一下。

静态数据的特点是数据量较小，维度比较单一，且只能说明一些过去的表面现象。比如，一位消费者爱好看书，收入中等。只靠这些静态数据，我们无法确切地分析某一个人，因为人的心情和行为轨迹是会不断变化的；相反，今日头条能够根据用户的搜索、阅读等行为轨迹的变化，向用户推荐他们最感兴趣的资讯。这种效果就是通过建设和运用动态大数据实现的。

实体企业家可能会这样想：大数据应是一些互联网公司的运营工具，这和我们有什么关系呢？其实，大数据并不是互联网公司的专属工具，未来所有的公司都有可能变成数据公司。马云在清华大学演讲时说："未来30年，数据将成为真正最强大的能源，绝大部分人没想好这个变革。"谷歌前计算机科学家吴军在上海交大分享《大数据、机器智能和未来社会》，他大胆预言：未来所有公司都是大数据公司，传统数据将失去最后的立足之地。美国《连线》杂志创始主编凯文·凯利有这样一个预言：未来所有生意都是数据生意。

先看两个案例，当数据被应用于实体企业，在生产和市场方面会发生什么变革。

在大数据的开发和运用上，名创优品走在了很多零售企业的前面。名创优品在新零售实践中，摸索出一套智能的大数据系统，这套系统能打通设计师、供应商、物流商、消费者、门店投资人等各个环节的数据，实现企业各个板块高效的协同。并且，名创优品的大数据是开放的、客观的和真实的，这些数据不是孤立的数据，而是连续的、有连带关系的数据。

比如，基于大数据计算出来的经典畅销款，不需要促销，销售率也会自然上升。再比如口红应该摆放在什么货架、什么位置上等，这些都会看得清清楚楚。因此说，一个开放的、有智慧的大数据系统对公司的价值是非常巨大的。

同样地，普拉达曾在自己的商品上安装了一个芯片，并在试衣间安装了传感器，这样每一件衣服从货架上被拿下来的次数和试穿次数就会被记录下来。此外，普拉达还会根据衣服从货架上被拿下来的次数和试穿次数结合消费情况做出分析。比如，消费者不断试穿某款衣服，但是其销量就是不好。从数据中可以分析出，这款衣服穿在身上并不是很好看，说明这款衣服的某些设计细节需要修改，才能更符合消费者的需求。

随着互联网的不断深入发展，大数据给企业营销带来的影响已然不容小觑，实体店实现线上线下营销的关注点应逐渐聚焦在如何利用大数据进行精准营销。阿里巴巴集团CEO张勇曾说："今天因为互联网的渗透，使得我们有一种可能，就是无论消费者在哪里进行消费，在一个物理世界里还是在一个虚拟世界里，他的经济行为都是真实的，只要是真实的经济行为，我们完全有机会把它变成一个真实的数字交易，真正沉淀出每一笔交易、每一个客户的数据。"

但是，大数据的意义不在于掌握了多么庞大的数据信息，而在于用什么方法分析这些数据，然后得出其中有价值的信息。也就是说，大数据分析仅仅是前提，而最终目的是要应用到实践中去。

关注大数据时代下的零售小数据

　　美国康奈尔大学教授德伯哈尔·艾斯汀是第一个意识到小数据的重要性的人。当发现自己年迈的父亲不再像以前那样去买菜、发邮件、散步时，他带着老人去看医生，但并没有检查出什么明显的衰弱特征。但是对父亲每时每刻的行为进行追踪发现，他的父亲已与之前的行为习惯大不相同。日常的小数据体现了生命变化的讯息，这让他意识到个体数据的重要性，分析小数据能给医学界带来巨大的医学价值。

　　在零售行业中，小数据就是与用户有关系的数据，一般包括用户的行为数据、消费数据、地理位置数据、金融数据和社交数据等。小数据并不是指量小，而是可以用来做针对性的、用于支持和制定决策的高质量数据。

　　全球品牌顾问马丁·林斯特龙在其新书《小数据：发掘大趋势的微小线索》中，针对大数据提出反思，主张"小数据"更重要，也就是针对个别消费者言行举止的细微观察，就足以促成重大的创新与发明。马丁·林斯特龙认为："要是说这个时代的100个大创新中，实际上有60%~65%是通过小数据而来的，一点都不为过。"

　　小数据和大数据并不是严格对立起来的，也并不是否定前人对于大数据在企业管理、消费研究方面做的积极努力和研究，小数据只是大数据关于用户研究的一个聚焦和落地而已，事实上小数据就是大数据的一个部分。相比大数据，小数据有自身的优势（见下图）。

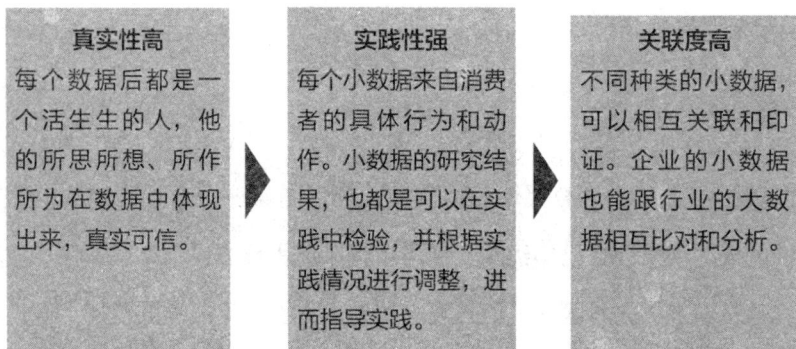

真实性高	实践性强	关联度高
每个数据后都是一个活生生的人，他的所思所想、所作所为在数据中体现出来，真实可信。	每个小数据来自消费者的具体行为和动作。小数据的研究结果，也都是可以在实践中检验，并根据实践情况进行调整，进而指导实践。	不同种类的小数据，可以相互关联和印证。企业的小数据也能跟行业的大数据相互比对和分析。

那么，小数据的价值主要表现在哪些方面呢？

1. 小数据支持商业决策

一家涂料制造商把研究重点放在了单个用户和区域的差异上，以给出产品定价，因此这家涂料制造商放弃了原有的经典线性回归的分析方法，建立了稳定的价格弹性模型。这种基于单个用户进行数据分析的方法，使这家涂料制造商仅仅在一个区域的一个业务单元实施过程中，其销售额比之前上升了百分之四。因此，企业的客观收益，正是基于小数据而制定的商业决策带来的结果。

2. 小数据实现消费者的个性化定制

任何企业都可以充分借助数据资源的优势，同时有效提取具有鲜明特征以及具有价值的小数据，通过挖掘潜在目标用户的个人信息来获取更有价值的用户信息。用户价值越高，享受的服务级别也就越高。

这样做不仅能有效降低企业的成本，还可以提高企业运行的效率，更好地为用户提供满足其需求的个性化定制产品和服务。

3. 小数据分析有利于营销推广

营销推广的目的是满足消费者的需求。寻找消费者需求的最佳方式就是小数据分析。如今，在互联网上消费者浏览商品留下的庞大数据主要有两个入口，一个是搜索引擎，另一个是社交媒体。企业要想更好地发现消费者的需求，关键是通过这两个入口获得和分析行业小数据。

在一定程度上，只要能配合企业的营销系统，搭建企业数据库营销平台，就能更好地利用抓取来的数据进行分析，这正是小数据给企业营销带来的价值。

大数据广告：传统广告模型的数字化转型

大数据技术的成熟发展以及其与新媒体的深度结合，推动了国内传统广告的颠覆性变革：越来越多的广告主和品牌将广告营销"主战场"转移到新媒体平台，数字平台呈现爆炸式增长态势，从而加快推动传统广告的数字化转型升级。

从市场营销的角度来分析，广告的制作离不开对潜在消费者的信息获取、信息分析及在此基础上进行的信息传播，因此，企业迅速意识到了大数据在传播领域的重要性，并大力开展数据应用。

大数据应用能够使企业利用先进的数据挖掘技术，获取潜在消费者的相关信息，如其信息浏览、消费习惯等，从而分析消费者的心理状态、价值观念和行为习惯等。大数据对于广告营销的价值包括：实现对小群体受众的"个众化"营销，实现广告创意与目标受众的自动契合，实现对广告传播效果的精准评估。

在大数据时代下几个主要的广告种类。

1. 移动广告

在移动互联网时代，广告受众的特征有三个。

（1）自主性：用户参与生产内容

广告受众的广泛参与是互联网广告的典型特征，不仅参与广告内容生产，而且参与广告内容传播。在广告内容生产层面，广告受众的参与催生出了新的广告模式——UGA（User Generate Advertising，用户生产广告），这种广告能将网民的原创内容与企业产品等信息融合起来，实现企业、创作者及媒体间的合作共赢。

（2）社交化：社交媒体传播裂变

智能手机等移动终端的随身携带性、操作便捷性等特征，为社交工具的快速发展提供了有力支持。而掌握了社交传播原理的营销人员，利用人们在社交媒体中的娱乐及社交等方面的需求，使广告信息传播的效果和范围更好、更广。

（3）精准化：受众群体精准细分

移动互联网终端的技术特性，为企业对广告受众进行精准定位打下了坚实的基础。新技术及统计工具的应用，使营销人员通过移动互联网追踪用户行为成为可能。

2. 原生广告

原生广告指的是在用户体验中，广告商试图以为用户提供有价值的内容来吸引用户注意。原生广告虽然是一种付费广告，但从表面上看与正常内容无异，原生广告就是这样一种互联网广告形式。原生广告的形式有许多，如文章、图片、音乐和视频等。在展示形式方面，原生广告要根据媒体的上下文环境选择合适的展示形式。原生广告是否有效，五个关键指标来考核。

（1）网站流量数据

影响原生广告流量的因素主要有搜索引擎的关键词优化；内容本身的

质量；企业公众号的关注人数和发布原生广告的渠道或平台的流量等。

（2）反向链接数据

人们会选择引用、链接网页内容，通常是因为它有一定的价值，能够提升自身的说服力，能给人带来快乐等。因此，反向链接数据是原生广告营销效果的关键考核指标之一。

（3）用户分享数据

通常来说，用户分享数据越高，就意味着营销内容的社会影响力越大，转发、分享、评论等在一定数据上反映原生广告的影响力。

（4）用户参与数据

用户参与数据通常包含用户停留时长、评论数、分享数、反弹率、放弃率等具体指标。影响用户积极参与性的因素有广告内容是否有趣、是否有较高的价值、广告页面布局是否合理等。

（5）用户转化数据

用户转化率是原生广告营销效果的直接体现，被成功转化的流量成了企业的注册用户，甚至是付费用户、产品购买者等。

3. 户外广告

随着经济迅猛发展及城市化进程越来越快，人们外出旅游时间与休闲时间越来越多，在这种情况下，越来越多的广告主将户外广告视为重点投放的广告形式。加上互联网的推动，户外广告实现了迅猛发展。

从2015年12月开始，上海地铁有16条线路实现了Wi-Fi信号的全覆盖，地铁里的乘客链接"花生地铁Wi-Fi"，下载"地铁Wi-Fi" App，点击登录就能在乘坐地铁期间免费使用Wi-Fi，这给乘客随时随地上网提供了很大的方便，也为户外广告的传播带来了极大的帮助。

卡西欧："特别懂你"的智慧门店

2015年9月，络克（杭州）贸易有限公司（卡西欧在中国最大的代理商）总经理应连平遇到了一件烦心事。这一年，卡西欧在中国的销量开始下滑，市场前景不容乐观。甚至他曾和团队人员说："如果再跟不上市场的步伐，我们就得结束了。"

应连平已经在传统零售行业摸爬滚打二十多年，并在天猫平台经营多年。也许，应连平从来没有想到，天猫会成为卡西欧的突破口。2015年下半年，应连平组建了专门做电商的团队，在12个月后将营销额从每月2万元提高到298万元（当时最高营销额）。"技术的应用带来了显著的收效，直接拉动了销售，每个人都会为之兴奋。"应连平兴奋地说。

2016年9月，借助天猫，应连平开始尝试重构新的卡西欧线上线下体系，搭建智慧门店。两个月后，卡西欧全球首家全渠道智慧型门店于杭州湖滨银泰in77盛大开业。虽然这个店只有6平方米，但它融合了互联网思维和技术，实现了实体门店与虚拟天猫旗舰店的无缝对接。

卡西欧的这家门店之所以被称作智慧门店，是因为有"三朵云"支撑：购物云、游戏云、行为分析云。购物云的主要作用是打通线下线上，实现全渠道的融合落地；游戏云的主要作用是帮助门店吸粉，增加转化率；行为分析云的主要作用是对消费者行为数据进行收集、分析，为决策提供依据。集合三朵云的智慧门店方案，加上英特尔先进的计算能力、物联网架构、图形交互技术、视感技术等，我们就可以帮助实体零售转型为全渠道智慧型零售。

在这家智慧门店的电子屏上，不同的顾客进去，大屏显示的商品都有所不同。这是因为，阿里利用线上线下的大数据进行分析，根据这些消费者的购物诉求和消费习惯，即时展示最适合的商品，促进业绩销售。顾客用手机扫描购物大屏上的商品二维码后，手机页面会直接跳转到卡西欧天猫专卖店上的相同单品页面。很多顾客虽然不会立即下单，但等顾客回家后在电脑上或在App上再下单后，大数据都可以追踪到这个数据是来自这家门店。

仅半年时间，智慧门店将库存周转时间提升了20%～30%，通过对用户数据的深度运营，近10%的顾客离店后在天猫下单。同时，门店内可互动的数据大屏也让线下成为新的流量入口。

卡西欧智慧门店的做法使线上线下互相融合，业绩可以追溯是线上或线下，这种方法就避免了线上线下冲突，提升了品牌总量。

第八章

情感联结：以情感变现
实体店商业价值

· 策划线下活动，提升老顾客的忠诚度

· 用工匠精神打磨产品，最能触动顾客

· 打消顾客对店铺的负面情绪

· 与顾客有效沟通，更易打动对方

策划线下活动，提升老顾客的忠诚度

实体店如果常组织或策划线下活动，那么顾客可以更好地与品牌和店铺进行深入的接触，并且随着接触的不断深入，顾客与店铺的关系也会由弱变强，甚至部分对活动比较满意的顾客会通过社交平台进行分享，这样就为品牌和店铺塑造了良好的口碑，从而能够为店铺培养更多忠诚的顾客，提高其整体销量。

肯德基之所以能够在中国打开市场，除了合国人胃口之外，线下活动的组织也是一个很重要的原因。肯德基的线下活动可以说是比较多的了，无论是会员生日还是各种节日，只要有需求，就可以组织一次线下活动。当然，肯德基也经常举办一些免费的亲子主题活动，家长可以通过活动增加和孩子的接触，陪伴孩子成长。

当然，策划活动是一项实践性很强的工作，也是一项随活动内容而千变万化的工作。由于策划活动不存在统一规范，不同形式、不同规模、不同行业的活动策划人的工作方法各异，自然活动策划方案也各不相同。

那么，如何策划好一项线下活动呢？具体来说，我们可以从以下几个方面进行。

1. 撰写策划方案，从草稿开始

活动策划方案就是典型的复杂文章，而且必须让人容易看懂，因此打草稿就显得尤为重要。

（1）构思名称，明确立意

对于一场活动来说，立意就是活动的性格，名称就是活动的名字。活动的名称和立意是在活动需求中提炼出来的。

（2）筛选素材，梳理内容

如果说头脑风暴的过程是在做加法，那么筛选素材的过程就是在做减法。在策划活动中，筛选素材并不是要将所有的选项都减少到1个，而是要将不合理的选项筛选出来并删去，如果选项是唯一的且不合理的，那可能还需要修改。在完成筛选后，如果仍有多个选项，那就将它们作为备选方案。当然，筛选的素材必须在活动框架建立完成后进行。

（3）结合结构，呈现逻辑

在确定了新的活动框架后，接下来就要根据预定的呈现方式重新梳理逻辑。

2. 做好事前调查

要想使一份活动策划方案是可行的，除了要保证它的内部逻辑是通顺的外，还应考虑外部环境的问题。保证内部逻辑通顺，依靠的是正确的思维方式和呈现方式，而对于外部环境，我们就需要依靠事前调查了。

事前调查这一步是非常重要的，我们都不希望撰写完活动策划方案后，才发现条件限制使活动策划方案无法实施。通常，在撰写活动策划方案前，事前调查工作会涉及这几个方面：筹备工作所需的时间、活动的预算是否在可接受的范围内、可用工作人员是否能满足需求等。

3. 简单市场调查

在策划活动中，营销型活动是比较特殊的。营销型活动是以营销的效果为目的，对营销效果的要求体现为具体的指标。为达到这个指标，策划人需要思考活动中的营销策略，这主要涉及两个方面的问题：选择使用怎样的方法和为每个方法分配多少资源。

无论是对方法的选择，还是对资源的分配，它们在发生重大变化时都会对活动的执行产生较大的影响。

4. 撰写活动策划方案的目录

撰写活动策划方案目录时，我们主要根据呈现方式和文章结构来决定目录的结构，并使用与之匹配的活动框架来指导目录的内容。比较常用的结构是总分式结构，采用这种结构的最大好处就是可以一次性将和某个目标相关的事情全部说清楚。其"总"的部分是总结型的，而"分"的部分则以目标为导向，介绍各种具体的工作内容。

另外，撰写活动策划方案的目录除了总分式结构外，我们还可以使用并列式的活动策划方案目录。此结构的活动策划可以优先安排合适的人去做擅长的事情，为工作安排带来了便利。

5. 根据目录填充内容

完成目录之后，我们只需要按照章节依次填充内容即可。注意，在打草稿的阶段我们已经准备好了一些内容，可以直接拿过来使用。撰写具体内容必然涉及执行方面的细节，但细节要精细到什么程度，就要看具体情况了。

用工匠精神打磨产品，最能触动顾客

2016年，"工匠精神"出现在政府工作报告中，让人耳目一新，有媒体将其列入"十大新词"予以解读。工匠精神不仅体现了对产品精心打造、精工制作的理念和追求，而且要不断吸收最前沿的技术，创造出新成果。

工匠精神是一种创造的精神，是一种促进世界更快发展与进步的工作精神。它代表着精益求精、踏实认真、坚定执着、一丝不苟、专业专注。虽然工匠不一定能成为成功的企业家，但成功的企业家身上一定有工匠精神。

按照时间序列观察日本的长寿企业可以发现，从创业到现在连续经营百年以上的企业多达25321家，连续经营200年、300年、500年和1000年以上的企业数量分别达到3937家、1938家、147家和21家。（长寿企业是指从企业创业开始连续经营百年以上的事业体。其中不仅包括股份公司、有限责任公司，也包括社会福利法人、学校法人、财团、非营利团体等所有民间组织。）

日本的百年企业很多是中小企业，在实力和资金方面它们都无法与大企业相比。但是，它们数十年、数百年如一日地只生产一种产品，专攻一门技术，打磨一道工序，使这些企业成为某个细小领域中的王者。这就是日本中小企业如此"长寿"的秘诀了——拥有工匠精神。

日本的匠人也有很多，比如，"寿司之神"小野二郎为了他所热爱的寿司事业，潜心研究了60年之久。可以说，他一生都在做寿司，追求细节和品质，专注于这种料理，永远要求自己以"最美味的寿司"招待顾客。他曾说："重复一件事，使之更加精益求精，但永无止境。"

此外，瑞士人的手表得以畅销世界、誉满天下、成为经典，就是凭借着这种凝神专一的工匠精神。瑞士制表商对每一个零件、每一道工序、每一块手表都专心雕琢、精心打磨，他们用心制造产品的态度就是工匠精神的理念和思维。在每一位工匠的眼中，只有对质量的精益求精、对完美的孜孜追求和对制造的一丝不苟。

总之，实体企业要秉承着工匠精神来打造产品，这样才能打动顾客，让顾客从心里对产品产生敬畏之心。

打消顾客对店铺的负面情绪

人都有情绪，在购物的过程中，顾客出于某种原因，会对某种商品产生强烈的偏好，此时他们表现出非理性的一面。甚至有人说：顾客80%的购买行为是基于"感性的情绪"，而不是"理性的逻辑"。因此，不管实体店经营什么样的产品，与顾客之间的情感交流是必不可少的。与顾客建立情谊，并让他们在情感上对我们产生信赖感、依赖感和安全感，这是现在实体店经营取胜的法宝之一。

美国营销专家巴诺在他的著作《抱怨是福》中写道："当顾客对服务感到不满时，他们有两种选择：一是他们可以说点儿什么，二是一走了之。如果他们一走了之，就等于根本不给企业消除他们不满的机会。提起投诉的顾客仍在和我们沟通，在给我们机会让我们的服务回到令人满意的状态，顾客也更有可能再次光顾本企业。尽管我们不愿听逆耳之言，但是顾客的抱怨的确是一种馈赠。"

1. 面对怒气冲冲的顾客

公司附近新开了一家饭店，你和同事决定中午一起去尝尝那里的食物。可是你们入座以后，迟迟等不到服务员过来帮助点餐。你们非常生气，大声质问："你们能拿份菜单过来吗？要我们等到什么时候？"服务员很抱歉地说："虽然您还需要稍等片刻，但是我们店里饭菜的口味绝对是一流的。"

请问，你会继续待下去，还是选择离开？顾客发火的原因一般很简单，就是需求没能得到满足，从而产生负面情绪。这时，店员面对此类顾客时，可以采用以下三种方法来应对。

（1）不与顾客理论，立马道歉

不要尝试与处在愤怒中的顾客理论，否则只有失败这一种可能。不管顾客因为什么原因愤怒，店员要先向顾客道歉，让顾客的情绪有一个发泄的出口，但不要立即承认错误。

（2）静下心，做一名好听众

顾客愤怒的时候，肚子里肯定有许多不满，这时应让他们一吐为快。当他们诉说完后，店员可以再复述一遍。这样做的目的是给顾客传递一个信息：我们很重视您，先不要生气。

（3）提出顾客满意的解决方案

店员要当场拿出问题的解决方案，让顾客明白，店铺是重视问题的，而且是有能力解决问题的。这样，无论顾客有多愤怒，通常都会与店方达成一致。

2. 面对惊慌的顾客

网曝某快餐店食用冰块菌落超标。经检测后，结果令人吃惊，某快餐店的食用冰块菌落总数含量比马桶水高6倍，有的甚至高达13倍，真的比马桶水还要脏。这主要缘于门店自身卫生措施不佳、缺乏加工环节的卫生控制以及监管不到位等。

顾客听到这则消息后，直呼被惊吓到了。事后，这家快餐店快速做出回应：先是在官方微博上发表道歉信，并表示门店已在第一时间开展营运自查，包括冰块的相关设备及操作规范。这家快餐店的公关营销人员就这个话题在知乎上发帖称：我的理解是，要么就是马桶水其实很干净，冰块比马桶水脏一点其实也不算很脏。

网友们纷纷跟帖，好多是力挺此快餐店的声音。有的网友说："……如果这样的卫生控制下，还是卫生不好，那只能说在外面做餐饮有先天硬伤。平心而论，自己家厨房都没有这么干净过。""我是做食品监管工作的……就我们近两年的（快餐店）监测数据，可以负责任地说绝大部分冰块是符合国家标准的。"这些网友的帖子给这家快餐店做了一个"无罪辩护"，淡化了顾客对这家快餐店的负面情绪，在一定程度上帮门店挽回了一些形象。

与顾客有效沟通，更易打动对方

在实体店经营过程中，我们大多时间是与顾客面对面的，这时如何与顾客进行有效的沟通，就显得极为重要。双方沟通顺畅，就更容易拉近双方的距离，建立情感联结；双方沟通不顺畅，顾客下次可能不再想来店里。因此，实体店经营者懂得一些说话的技巧是必要的。

1. 掌握几大沟通心理

下面为大家介绍几种常用的心理学知识，以便你更好地与顾客进行有效沟通。

（1）从众心理

从众心理，指个人受到外界人群行为的影响，而在自己的知觉、判断、认识上表现出符合公众舆论或多数人的行为方式。实验表明只有很少的人保持了独立性，没有从众，所以从众心理是多数个体普遍具有的心理现象。

（2）折中心理

折中心理是指人们在不确定的情况下做选择时，往往更喜欢中间的选项，因为中间的选项看起来更安全，不至于犯下严重的决策错误。

（3）猎奇心理

猎奇心理，也就是我们常说的好奇心理。毋庸置疑，每个人生来就有好奇心。为了满足好奇心，人们总是想方设法地想要了解真相。

（4）虚荣心理

虚荣心理是人类天性的一部分，它是一种追求表面的虚荣而使自己获得别人的尊重或被别人羡慕时所产生的一种自我满足心理。每个人或多或少都有一点虚荣心，在沟通过程中，我们可以抓住顾客的这种心理，促成有效沟通。

2. 要有正确的沟通姿态

在与顾客沟通的过程中，具体应具备的正确姿态有以下四种。

（1）尊重

尊重是沟通能够顺利进行的基础。如果我们表现得不尊重对方，就会使对话变得消极和激进，或两者兼而有之。

（2）真诚

真诚就是思想、情感和行为一致，即言行一致、表里如一。真诚一定要发自内心，而不是表面上的装模作样。美国推销大王乔·吉拉德这样说："真诚是从书本上读不到的东西，只可意会，不可言传。"

（3）自信

罗曼·罗兰说："先相信自己，然后别人才会相信你。"自信就是一个人的底气，如果一个人在说话的时候连底气都没有，别人又怎么会相信你、被你说服呢？

（4）亲和力

亲和力就像一种磁场，能够让人乐于跟自己待在一起，感受到安全、平静和快乐。

3. 学会倾听他人

对话中常见的情景是一方侃侃而谈，另一方侧耳倾听。表面上说的人掌控着沟通的主动权，实际上不一定。因为听的人可能心不在焉，让对话效率无限接近于零。在不少情景中，多听少说的那一方才是真正的对话主导者。因此，在与顾客沟通时，我们一定要懂得倾听对方。

倾听时要注意反馈，其好处是，如果我们的反馈与对方的心声一致，他就会跟我们产生惺惺相惜之情；如果我们的反馈与对方的心声不一致，他就会更加详细地讲出来。

4. 不慎出错，冷静打圆场

人无法保证每一句话都说得完美无缺。在沟通过程中，我们难免会出现一些纰漏甚至错误。出错会让人心情紧张，从而变得更加慌不择言。遇到这种情况时，必须先冷静下来，才能想办法打圆场。

最有效的打圆场的方法就是换一个角度或找一个借口，以合情合理的解释来证明对方有悖常理的举动在此情景中是正当的、合理的，这样就能使对方的尴尬消除，正常的人际沟通才能继续进行。

5. 读懂肢体语言

美国著名的心理学教授阿尔伯特·梅拉宾在1971年提出：在沟通过程中，人们通过三种方式来体现他们的看法。其中93%的沟通是通过非语言行为和语气进行的（55%体现在肢体语言中，38%体现在语气中），7%是通过话语措辞进行的。显然，读懂对方的肢体行为语言，对于摸透对方的内心是非常有帮助的。

第九章

精细化管理：重塑实体店经营逻辑

· 转变管理理念，走精细化管理路线

· 店长要提升自我，才能更好地管理团队

· 简化不必要的系统，优化供应链管理

· 做好团队管理，打造高绩效小团队

· 店铺租赁关系的管理

转变管理理念，走精细化管理路线

2019年，阿里巴巴集团CEO张勇在盒马鲜生的管理会上演讲说："精细化管理、精细化运营是核心。关于新模式，大胆假设、小心求证，模式验证有效以后再进行快速复制。在证明模式有效、大量复制之前我们需要小心求证。"

精细化管理源于日本20世纪50年代的一种企业管理理念，它是社会分工的精细化以及服务质量的精细化对现代管理的必然要求，是建立在常规管理的基础上，并将常规管理引向深入的基本思想和管理模式，是一种以最大限度地减少管理所占用的资源和降低管理成本为主要目标的管理方式。

比如，在日本的超市里，鸡蛋售出时会附赠一份说明书，介绍标准化的煮鸡蛋步骤：采用长、宽、高各4厘米的特制容器，加水50毫升左右，1分钟左右水开，再过3分钟关火，利用余热煮3分钟，凉水浸泡3分钟。据说，这样煮出来的鸡蛋，不但生熟适度，并且能节约4/5的水和2/3的热能；再如，肯德基的汉堡包厚度、长度，是全世界标准都统一的，这是因为企业实施的是精细化管理。

面对如今的细分市场和客户，实体店店长要转变管理理念，向精细化管理的方向发展。因为只有这样，才能更好地经营店铺。

1. 精细化管理的四大特征

精细化管理有以下四大特征。

（1）精：做精，精益求精

精就是经过千锤百炼而得出的结果，企业总是在追求最好的，所以精是目标。

（2）准：准确、准时

准的对象是信息与决策，要求准确无误，其反映在企业中就是对信息流的快速反应能力。

（3）细：做细，重视细节

企业要抓住关键细节，细并非一切都细，如果太细，就会过于烦琐，以致难以操作。细要分轻重和主次，核心内容、关键部位要细，而且要可操作、可掌控，要把工作做细，把管理做细，强调的是执行细化。

（4）严：做严，一丝不苟

严是使精细化变为事实的关键条件。可以说，在企业里，严就相当于精细化，凡是那些严格管理的企业，大多属于精细化管理。要严格控制偏差，严主要体现在执行和控制上。没有严格的执行和控制，一切精细化的方案措施都将落空。

2. 精细化管理的四个目的

精细化管理的目的就在于提高每个员工、管理者的执行力和效率，从而提高企业的整体效益。具体来说，精细化管理要达到四个目的。

第一，降低生产制造成本、费用，减少"跑冒滴漏"，从而提高利润率。

第二，使企业的大小决策计划周密、准确无误地实施，力图使各级管理人员做正确的事，并正确地做事。

第三，解决企业中普遍存在的执行力薄弱、执行不到位的问题，提高执行力和效率。

第四，改善各工作单元间的协作能力，提高各环节衔接的能力，进而提高实体企业整体的结构性效率。

3. 精细化管理的执行原则

精细化管理的执行原则要牢记以下原则。

细化：就是把管理工作做细的方法。

量化：要将管理工作定量化。

流程化：执行有流程，按程序办事。

标准化：有标准才能操作到位，才能检查考核。

协作化：协同配合，提升整体效率。

经济化：经济、节约、降低成本，才能持续赢利。

实务化：求真务实是科学管理的基础。

精益化：精益求精，持续改善。

店长要提升自我，才能更好地管理团队

店长这一职位在实体店中起着举足轻重的作用，因此时时进行自我成长与充电，提升个人综合素养，就成了每个店长的必修课。

1. 提升领导能力

经营管理学者郝塞和布兰查德将领导力定义为"是在管辖范围内，为达成目标对个人及团队产生影响的过程"。这一说法至今仍被广泛认可。店长作为领导者，其任务就是发挥领导力，调动正式员工和兼职人员的积极性，最终达成店铺的目标。

根据环境的不同，领导力类型是可以改变的，这是领导力的应变理论。在具有代表性的应变理论中，郝塞和布兰查德的情境领导理论是其中之一。

郝塞和布兰查德提出，根据下属员工的成熟度，领导力的类型应分为四种风格：告知型领导风格、推销型领导风格、参与型领导风格和授权型领导风格。

其内容见下图：

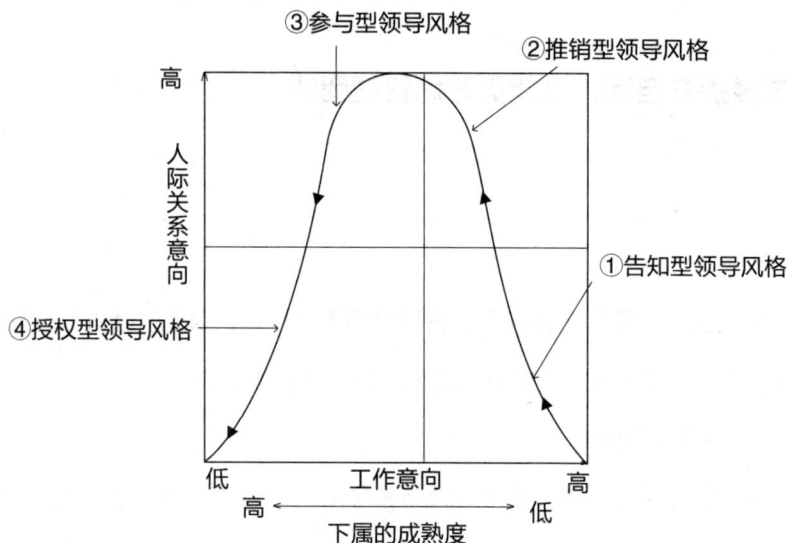

③参与型领导风格　　　②推销型领导风格

高

人际关系意向

④授权型领导风格

①告知型领导风格

低　　　工作意向　　　高

高　　　　　　　　　低

下属的成熟度

如果员工的成熟度低，就采用告知型领导风格。随着员工成熟度的渐渐升高，领导力的风格也可逐步变为推销型、参与型和授权型。因此，店长要把握好员工的工作情况。如果员工的成熟度达到了最高点，那么店长就可以采用授权型的领导风格了。

2. 明确自己在店中的职责

作为实体店的店长，要明确自己在店中有哪些职责，这对于提升自己的综合能力是非常重要的。

（1）制订计划

店长应全盘掌握门店每个时间段要做什么事情、做到什么程度，只有这样才能更好地为员工指引工作的目标和方向。

（2）人事管理

店长在店铺的人事管理上，不仅要做好员工的"选、育、用、留、送"的工作，更要激发员工的工作热情和欲望。

（3）店铺日常管理

日常的管理工作是保证整个门店能够正常运转的前提。

（4）销售管理

店铺存在的意义就是销售与盈利。在销售管理过程中，店长要制定销售目标，更要学会分解目标，给员工分享达到目标的方法，指引员工完成销售任务。

（5）货品管理

一个店铺的导购能力再强，促销活动再好，如果没有库存的保证、合适的陈列，其他环节也不能顺利进行下去。

（6）服务管理

店铺的服务包括顾客服务、处理投诉的能力以及客户关系的维系等。

3. 时间管理：有效地利用好每一分每一秒

很多人都喜欢拖延，他们总是将事情拖到第二天、第三天……，最后时间或者说时机过去了，手头的事情也总做不好。作为店铺的店长，我们扪心自问：是否浪费了太多时间，是否有很多拖延的行为？对做生意来说，时间是非常宝贵的。因此，我们要懂得时间管理，这是店长提升自我的一个重要方面。

时间的管理不在于时间的多少，而在于如何管理。时间管理是指通过实现规划和运用一定的技巧、方法与工具实现对时间灵活有效的运用，从而实现个人或组织既定目标的一种方法。比如，我们可以通过以下五个方法来提高对时间的有效管理。

建立一个档案系统，把相关主题的材料放在同一个文件夹内。

将每天所有的事情罗列出来，先做重要的，再做次要的。这种排序的方法在时间管理中是一种比较常见的方法。

做好跟踪记录，了解时间的占用情况。

不要将时间排得太满，给自己留一些放松自己的时间。

设立"提醒"功能。只要是能够提醒你何时该做何事的任何方法，都可以采用。

简化不必要的系统，优化供应链管理

很多人对供应链管理存在误解，他们认为供应链越复杂越好，这样就能逐个压价，降低企业的成本。然而实践证明，供应链越复杂，管理的难度就越大。对于实体企业而言，只有简化不必要的系统，建立简单易行的供应链管理体系，才能减少支出，确保企业能够盈利。

供应链是指由涉及将产品或服务提供给最终消费者的整个活动过程的上游、中游和下游企业所构成的网络，包括从原材料采购开始，历经供应商、制造商、分销商、零售商，直至最终消费者的整个运作过程。

供应链这个理念很晚才建立起来，传入中国也不过一二十年。很多企业家空有供应链的概念，却没有管理学的常识。供应链管理是在采购管理、运营管理和物流管理的基础上发展起来的。供应链管理是对贯穿其中的产品流、信息流和资金流的集成管理，以把速度和质量做上去，把成本降下来，给客户最大的价值。

英国著名的供应链管理专家马丁·克里斯多夫非常直白地说："市场上只有供应链而没有企业，21世纪的竞争不是企业和企业之间的竞争，而是供应链和供应链之间的竞争。"因此，供应链管理也是企业的核心竞争力之一。

实体企业可通过以下三种方法使供应链管理更高效。

1. 产品流：数字化和智能化

产品流是供应链的根本，涉及采购、生产、仓储、运输等领域。管理产品流就是为了提高这些领域的效率。

传统生产模式的特点是大批量、标准化、规模化和低成本，而云计算、大数据、人工智能等技术催生的新生产则具有更加适应市场需求的个性化、数字化和定制化。其特点可归为"数字化"和"智能化"。

比如，可以通过与外部合作来实现数字化生产，吉利汽车就是一个很好的例子。吉利是一家传统的汽车企业，凭借着敏锐的市场洞察力，它选择了与阿里云合作，实现数字化的生产，打响了车企变革的第一枪。

2. 资金流：供应链新金融

企业的经营离不开钱，从招聘人员到购买设备，再到购进原料开始生产，这些都需要足够的资金支持。因此，资金是供应链的动力。

供应链新金融就是企业通过金融手段使产业链中的资金流和商流实现平衡流动，从而推动供应链的创新和改善，并使供应链运转效率得到大幅度提升。在企业接入供应链新金融这一方面有不少经典的案例，海澜之家就是其中之一。

目前，海澜之家大概有6000家线下实体门店，遍及中国31个省以及百分之八十以上的县、市。那么，海澜之家是怎样做到的，又是如何管理和运营这么多家店铺的呢？这和它接入供应链新金融，采取"轻资产"的模式密不可分。海澜之家会把资金和存货全部分配给自己的上下游，而它只需要为上游的供应商和下游的加盟商提供营销网络、品牌、供应链等方面的管理。这样的话，海澜之家就成功打造出了一个以企业、加盟商、供应商为主的利益共同体。

3. 信息流：智能物流 + 数字化供应链 + 电商服务商

信息流是供应链的神经系统，主要通过数据表现出来，为识别问题、分析问题、做出决策提供数据支持。

企业对供应链进行管理的主要目标是要以最快的速度将消费者需要的商品送到他们手中。这就需要企业将门店、供应商、销售渠道、仓库等链条上的每个环节都集成和协同起来，从而降低运营成本，提升服务水平。实体企业可以借助智能物流+数字化供应链+电商服务商的模式运营店铺。前文提到的盒马鲜生就是一个典型的案例。

产品流、资金流和信息流虽然看起来是互相独立的，但在实际运用过程中，它们三者往往是相互影响的。在改进和优化其中任何一项时，都难免会对其他两项造成影响，因此在设计供应链时应综合考量。

做好团队管理，打造高绩效小团队

在管理过程中，许多实体店会遇到这样的问题：团队一盘散沙、员工不服从上级管理等。这样缺乏凝聚力的团队，即使个人的工作能力再强，也很难取得很好的整体效益。实体店的业绩不是依靠某一个员工，而是依靠所有员工的共同努力取得的。因此，实体店的团队管理者不论工作再纷杂、每天再忙碌，都需要做好团队管理工作。

1. 充分了解员工

要想使团队成员之间更加团结，彼此交心，团队管理者平时就要多了解员工，和员工定期交谈。不仅要了解员工自身的工作情况，也要了解员工的家庭、生活、健康、学习等各种情况（见下表）。

家庭	1. 现在有没有男/女朋友？ 2. 老公/老婆是做什么工作的？
生活	1. 有什么兴趣爱好？ 2. 买房有没有贷款？ 3. 有什么困难？
健康	1. 如何减肥？ 2. 如何排解负面情绪？

续表

学习	1. 对哪方面感兴趣？ 2. 目前在学习什么？ 3. 考证了吗？

在与员工交谈时需要注意三方面的事项。一是灵活，具体谈什么内容可以根据每个员工的情况灵活掌握，但要注意尊重对方的隐私；二是平均，不要和某个员工高频率交谈或交往过热，而冷落了其他员工；三是时间分配，时间过长会影响工作，时间过短会显得没有诚意。参考时间为每周每人半个小时。

2. 懂得激励员工

激励保健理论最早是由美国的心理学家在1959年提出的。激励保健理论的核心含义为组织为员工提供的各种回报并不都具有激励性，而是分为两种：一种并不具有激励性，叫保健因素；一种具有激励性，叫激励因素。

当保健因素没有得到满足时，人们会感到不满意；当这些因素得到满足后，人们的不满意感消失，但并没有达到满意的程度。当激励因素没有得到满足时，人们不会满意，但也不会不满意；但当激励因素得到满足时，人们会满意。这个理论说明，能对人产生有效激励作用的不是保健因素，而是激励因素。

调查结果表明，只要大部分员工发挥出自己能力的10%~30%，就可以完成基本工作；通过有效的激励，就能让他们发挥出80%的潜力，甚至会更多。总之，实体店管理者要懂得激励员工，才能让他们为企业创造更大的价值。

2013年，永辉集团董事长张轩松在门店调研时发现，基层员工收入低，工作积极性不高。他当时想，怎样让永辉的基层员工能增加收入并提升工作积极性呢？

这一想法诞生了后来永辉内部推行的合伙人制度。合伙人制度的核心是：总部与合伙人代表根据历史数据和销售预测制定一个业绩标准，实际经营业绩如果超过设立的标准，增量部分的利润会按照比例在总部和合伙人之间进行分配。实施合伙人制度后，不仅大大提升了员工收入，还突破了一系列经营管理方面的瓶颈。

3. 适时授权

工作授权并不是想当然地把占用自己时间最多的工作授权给员工，也不是把一些没有价值的工作抛给员工，让员工替自己工作。而是在对自己的工作内容进行综合评估后，找出适合授权的工作和适合授权的人选，再进行授权。

通常，在进行授权前，要进行评估。如何做工作授权前的评估呢？第一，评估目前手头都有哪些工作，以及这些工作占用的时间；第二，评估这些工作授权给员工能够提高工作完成效率或让员工成长；第三，评估这些工作可以授权给哪些员工。

哪些员工适合被授权呢？通常，工作态度积极、能力比较强、有晋升潜力的员工适合被授权较重要的工作。当然，工作态度好、能力较差的，或工作态度差、工作能力强的员工，也可以尝试部分授权。

4. 有明确的团队目标

一个团队没有明确的目标是非常危险的。这代表整个团队和团队成员的工作没有方向，工作内容无法有效分配，工作质量也无法衡量。

实体店管理者在制定目标时，可参考SMART原则，其内容具体介绍如下。

S（Specific，具体的）：目标应当是具体的、明确的，不能笼统，不能模糊。

M（Measurable，可衡量的）：目标应是数量化或行为化的。

A（Attainable，可达到的）：目标来源实际，是在付出后能实现的。

R（Relevant，具有相关性的）：目标与本职工作相关，并在团队内部有共同指向。

T（Time-bound，有时间限制的）：目标有特定的时间限制，有完成时间或截止时间。

店铺租赁关系的管理

新店开业时，许多实体店商户都一门心思放在店面装修和筹备中，但对于租赁合同不够重视。当你看到一份价格便宜的转让合同时，不要急着签字，而要提前做好以下五个方面的考量和调查，否则就很容易掉入合同的陷阱中。

1. 签订长期租赁合同

有的实体店商户就吃过这样的亏：由于第一年生意很火，第二年房东就要求涨房租。所以，在签订租赁合同时，千万不要嫌麻烦，最好约定长达5～10年的租金，以及其间的递增幅度，如5%～10%，并到相关部门进行公证。

麦当劳的店铺选址标准中就有这样一条规定：租期至少10年以上。周期长的合同能够避免房东漫天涨价，同时也能稳扎稳打，让店铺扎下根来，使无形资产不断增值。

2. 调查店面的档案

租店铺前，实体店商户要到店铺所在房地产交易中心调查其产权登记情况。

要确认房屋的类型为商业用房性质、土地用途为非住宅性质；并明确产权人是谁，以确保你是在租赁房屋产权人的房屋。

这个房子是否有租赁登记信息，如果有租赁登记信息，就会影响新租赁合同办理登记手续，也会影响新承租人顺利办理营业执照等。这里需要了解一下"买卖不破租赁"的概念，简单来说就是指：房屋在产权卖给他人后，原有的租赁合同仍然有效。承租该房屋的承租人，有权依原约定继续居住在该房屋。

3. 与出租人确定好装修问题

实体店商户租赁商铺时，往往在店面装修上会花不少费用，为了保障自己的权益，在合同中要注意以下三点。

第一，出租人是否愿意承租人对店面进行装修，还有是否同意房屋的装修方案。如果有改建、广告、店招位置等，要明确约定清楚。

第二，在认定解除合同的违约责任时，不能仅仅考虑违约金部分，因为违约金常约定等同于押金，出租人除承担违约金外，还需要承担承租人的装修损失费用。

第三，明确租赁期满时，装修、添附的处置方式。

4. 双方约定好拆迁补偿问题

在实际生活中，不少人租下商铺经营实体店没多久，就被告知所在房屋面临拆迁，而房东拒退租金，使实体店商户一筹莫展。

通常，遇到拆迁的情况，拆迁方是直接找被拆迁人（房东）来谈补偿相关事宜的，但是承租人也可以对拆迁补偿事宜提出异议。因为拆迁活动势必影响到承租人的生产经营、居住和生活，给其带来较大损失。为避免这样的事情发生，实体店商户（承租人）在签订合同时一定要与房东约定好拆迁补偿的问题。

在拆迁过程中，通常对承租人的补偿部分包括：装修费用的补偿；搬迁费的补偿，主要涉及的是搬迁过程中的运输费等；一次性的停产停业损失，通常是以前三年的营业额和纳税额来算的，补偿三个月到半年。当然，也要参考当地拆迁的具体政策和法律法规，可以和拆迁方商量后再确定。

5. 双方约定好优先承租权问题

优先承租权是指在房屋租赁合同中，租赁期限届满后出租人继续出租租赁物的，原承租人在同等条件下优先于其他第三人取得租赁权。

在我国现行法律法规中并没有关于优先承租权的规定，优先承租权并非法定权利。行使优先承租权必须符合以下三个条件：第一是只能由原承租人行使；第二是原租赁合同期满后，出租人继续出租租赁物。如果出租人出于自用，在与承租人的租赁合同期限届满后，无再行出租的意思，此时承租人就无法主张优先承租权；第三是要在"同等条件"下。所谓同等条件不仅包括租赁价格、租金支付方式、租赁期限等，还包括与租赁有关的其他条件，如房屋用途、环境污染状况、承租人经济实力、承租人信誉、承租人的经营业绩等。

18:26
Friday

第十章

门店环境：营造独特的店铺气质，让顾客流连忘返

- 如何选择店铺的背景音乐
- 快速掌握店铺的灯光设计要点
- 门店陈列设计要让顾客进店尖叫起来
- 顾客进门店的厌恶点检查
- 选址：好的周围环境带给门店大流量
- 你不可不知的网店装修知识

如何选择店铺的背景音乐

在我国古代，素来重"礼"和"乐"。《礼记·乐记》中说："是故先王之制礼乐也，非以极口腹耳目之欲也，将以教民平好恶，而反人道之正也……乐至则无怨。乐行则伦清，耳目聪明，血气平和，移风易俗，天下皆宁……"这里谈到了音乐对生理和心理的作用。因此，人们能够用音乐来改善和调剂情绪，也正因此背景音乐才得以广泛应用。

在实际生活中，有的店铺并没有意识到音乐的重要性，认为店铺里只要有音乐就可以了，对于播放什么类型的音乐则毫无计划。更有甚者完全根据播放员自己的喜好，想播放什么音乐就播放什么音乐。殊不知，这样会大大破坏营销店铺的环境气氛，从而影响店铺销售的多少。实际上，顾客在进店选购的过程中，音乐是能够"主导"人们的消费的。

在咖啡馆里，你一定不会听到重金属类音乐；在女装店里，你也不会听到网络歌曲。对于品牌店铺来说，背景音乐俨然已成为改变消费行为的重要密码。像这些店铺，他们非常注重背景音乐的细枝末节，比如，放哪种类型的音乐、什么时段播放、需不需要歌词、音量的大小是多少等。

甚至有的百货店和品牌店花费重金聘请一名音乐总监，来定制店铺音乐，如像迪奥、古驰等这些奢侈品大牌，它们会有自己专门的音乐总监，为它们的店铺、产品等设计不同的音乐。在其他地方你一定没有听过这些音乐，音乐总监往往会取材于各类音乐，然后剪辑到一起，完成适合自己品牌店的音乐。

1. 关于音乐的快慢

节奏比较慢的音乐，可以使人安静和放松下来，容易使人轻松购物。一项关于店铺背景音乐对消费行为的影响的研究报告指出："慢节奏背景音乐会使消费者在店内产生较慢的步伐、较长的停留时间和较高的消费金额。"

反之，节奏比较快的音乐，可以加快人们的运动节奏，鼓励人们加速消费或采购行动，缩短顾客在店内的停留时间。在搞降价促销时，可播放动感十足、节奏感强的音乐使人们产生抢购的冲动。

2. 关于音乐的类别

不同的音乐类别对消费也是有影响的。流行音乐更贴近大众，店里播放这类音乐时，顾客会认为店内的商品价位较平实；古典高雅的音乐可以烘托出商品或服务的价值等。

比如，优衣库会根据每月不同的主推产品，播放不同主题的音乐；为了给顾客营造一种轻松的氛围，无印良品的背景音乐主要为民谣曲风。这些音乐是从世界各地民谣中精挑细选出来后改编而成的；宝格丽是奢侈品品牌，它的顾客年龄层次会高一些，它的背景音乐会选择更沉稳、大气的古典音乐。

3. 关于音乐的音量大小

背景音乐的音量大，虽可以衬托店铺热闹的气氛，但小音量的音乐可以使销售人员与顾客进行有效的对话和互动。在节日庆典时，店铺可以播放大音量的音乐；但如果销售已经完成，在顾客需要向销售人员咨询时，应该把音乐的音量调小一些。

人们在声音强度50分贝以下的环境中最舒服，超过50分贝会影响人们的情绪，使人产生疲劳感。据网络调查信息结果表明，在实际生活中，由于不少商场背景音乐的音量过大等原因，有将近80%的顾客都表示曾对商场的背景音乐感到烦躁不安，甚至有不少顾客因为背景音乐过于嘈杂而离开，选择不去这类商场购物。因此，把背景音乐调大时要慎重。

总之，背景音乐可以对顾客的心理产生影响，从而影响顾客的消费兴趣和习惯，音乐给顾客带来的愉快心情，音乐所营造的舒适优雅的环境，会为店铺带来更多的经济利润。

快速掌握店铺的灯光设计要点

美国实验心理学家赤瑞特拉做过一个关于人类获取信息是通过哪些途径的著名心理实验。赤瑞特拉通过大量的实验证实：人类获取的信息83%来自视觉，11%来自听觉，3.5%来自嗅觉，1.5%来自触觉，1%来自味觉。由此可知，人类获取信息大部分是靠视觉获得的。因此，店铺的灯光设计是非常关键的。

店铺要想做好灯光设计，从外部装饰到内部装饰都应兼顾，除了传达自己店铺的理念与属性外，最重要的是设计出让顾客感到舒适、有购物欲望的灯光氛围。

1. 选择合适灯光时要考虑的基本要素

在选择合适灯光时要考虑的基本要素有四点。

（1）照度

照度，又称光照强度，是一种物理术语，指单位面积上所接受可见光的光通量。单位是勒克斯（Lux或lx）。

照度标准值应按0.5 lx、1 lx、2 lx、3 lx、5 lx、10 lx、15 lx、20 lx、30 lx、50 lx、75 lx、100 lx、150 lx、200 lx、300 lx、500 lx、750 lx、1000 lx、1500 lx、2000 lx、3000 lx、5000 lx分级。

（2）色温

当光源的色品与某一温度下黑体的色品相同时，该黑体的绝对温度为此光源的色温，亦称"色度"，单位为开（K）。色温越低，色调越暖（偏红）；色温越高，色调越冷（偏蓝）。在高色温光源照射下，如亮度不高就会给人们一种阴冷的感觉；在低色温光源照射下，亮度过高则会给人们一种闷热的感觉。

（3）显色性

显色性就是指不同光谱的光源照射在同一颜色的物体上时，呈现不同颜色的特性。通常用显色指数（Ra）来表示光源的显色性。光源的显色指数越高，其显色性能越好。

（4）眩光

视野内有亮度极高的物体时，会造成视觉不舒适，称为眩光。

根据眩光的产生方式，可分为直接眩光、反射眩光和光幕眩光。眩光由统一眩光值表示，按CIE眩光值公式计算。直接眩光是由视野中特别是在靠近视线方向存在的发光体所产生的眩光；反射眩光是由视野中的反射引起的眩光，特别是在靠近视线方向看见反射像所产生的眩光；光幕眩光是指视觉对象的镜面反射，它使视觉对象的对比降低，以致部分或全部难以看清细部。

2. 环境照明常用手法

环境照明，顾名思义是提供均匀的环境光，它是整个空间的基调，其目的是让顾客看清商品，工作人员能够完成销售。一般是均布灯具，均匀灯光，照度多在50lx～1500lx。与环境照明相对的是重点照明，重点照明是指用以强调某一特别目标物，或是引人注意视野中某一部分的一种方向性照明。

（1）直接照明

直接照明的光强度大、效率高，易形成明显的阴影，因此，反差强烈，是一种具有活力的照明方式，这对有光泽的商品照明效果最好。

（2）半间接与间接照明

半间接与间接照明效率低，但光线柔和、反差较小，可用于营造轻快、舒缓或朦胧、温柔的情调，适用于格调高雅的服装或内衣类商品。

另外，我们要知道，商品视觉效果的突出在于简易而有效的照明手段。照明设备的选择应兼顾照明效果及节省能源的原则。在照明设计时应注意：灯光设计要充分考虑顾客的感受，强烈照明容易使顾客的眼睛感到疲劳，应尽量避免使用；照明强度反映店铺的品位，即越高级的商场光线越柔和；高强度照明不等于有效照明，因此，我们要根据商品展示的视觉需要进行设计。

门店陈列设计要让顾客进店尖叫起来

陈列是一门创造性的视觉与空间艺术，它包括商店设计、装修、橱窗、通道、模特、背板、道具、POP广告、产品宣传册、商标及吊牌等零售终端的所有视觉要素，是一个完整而系统的集合概念。

经过一系列艺术处理，陈列能起到改善店容店貌、美化购物环境的作用。它能将商品的外观、性能、特征和价格迅速地传递给顾客，由其自主比较、选择，可减少询问，缩短挑选时间，加速交易过程。

但由于很多实体店不注重陈列，结果把实体店搞成了杂货店，长期生意不好，关门倒闭是很自然的事。研究表明，75%的消费者会在5秒之内做出购买决定；40%的人在货架上看不到要买的产品，就会转而购买别的产品。这意味着，合理的货架陈列、物品摆放，能让你抓住这流失的40%的客户。

下面让我们一起了解有关陈列的知识。

1. 陈列设计的构成元素

随着人们生活水平和审美要求的不断提高，展示陈列设计已不单单局限于产品自身的展现，在创作展示产品的过程中，要将产品与展示空间、展示载体和灯光照明灯元素相结合，扬长避短，巧妙地将陈列产品最为吸引人的特点展示出来，创造出完美且精致的陈列效果，以达到树立品牌形象、提高产品知名度、升华空间氛围、宣传产品和促进销售的目的。

（1）产品本身

产品本身是陈列所要重点展现的核心内容，在陈列的过程中要将具有代表性的、造型感强的产品重点展现，清晰完善地展现出产品本身的魅力所在。

（2）展示载体

展示载体的主要作用是呈现产品，同时能够对展示空间进行分割和创造。其类型有展示台、展示墙、展示架、展示柜、展示板和展示橱窗等。

（3）展示空间

展示空间是展示生成的物质基础，是各项展示元素的载体。比如，商场、商店等。

（4）灯光照明

照明是形成视觉的基础，也能够为空间奠定情感基调，根据主题的风格搭配适当的灯光，更加有助于氛围的营造。灯光照明类型有冷色调灯光和暖色调灯光。冷色调灯光能够为空间营造出清凉、科技、高端的氛围。通常情况下，多用于科技类和电子类产品的展示。暖色调灯光能够为空间营造出温馨、神秘、柔和的氛围。通常情况下，多用于商场、餐厅等场所。

灯光的明暗程度是营造空间效果的关键所在，光线明亮的场所可以给人一种通透、精致的感受；相反，昏暗的灯光则可以营造出一种神秘、低沉的视觉效果。

2. 陈列设计技巧

下面介绍陈列的九种技巧，实体店经营者可以将它们结合起来使用。

（1）分类陈列

分类陈列是指店铺以开放或封闭的方式将一系列品类繁多的商品陈列展销。开放式分类陈列鼓励顾客感觉、观看或尝试店内商品；封闭式分类陈列则鼓励顾客观看商品，但不能触摸或尝试。

（2）主题背景陈列

主题背景陈列是按一定主题展示商品，以营造特殊的气氛或情绪。店铺会经常变换其陈列品以反映季节或特殊事件，一些店铺甚至变换员工服装以配合不同的场合。

（3）整体陈列

整体陈列是展示整个产品组合，而不是分类（如鞋子、袜子、裤子、衬衫）展示商品。

（4）挂架陈列

挂架陈列有一项主要的功能性用途：整齐地悬挂或展示商品。它经常被服装店、家居用品店或其他实体商店采用。这种陈列必须小心地加以维持，因为商品可能挤在一起，顾客可能在将商品放回时弄错地方。

（5）开箱陈列

开箱陈列是一种低成本的商品陈列方式，即展示时商品仍留在原包装中。超市和折扣商店经常采用开箱陈列，但这些箱子不能创造出柔和的气氛。

（6）定位陈列

定位陈列是指某些商品一经确定了位置陈列后，一般不再变动。通常，需定位陈列的商品是知名度高的商品，顾客购买这些商品频率高、量大，因此需要给予固定的位置来陈列这些商品，尤其方便老顾客。

（7）比较陈列

比较陈列是按不同规格和数量将相同商品给予分类，然后陈列在一起。这样陈列的目的是利用不同规格包装的商品间价格上的差异来刺激他们的购买欲望，促使其因廉价而做出购买决定。

（8）多加关联陈列

很多商品在顾客心目中是有关联性的，当顾客购买某一样商品时，就会需要与之相关的商品来配套。如果经过卖场人员的精心安排，顾客发现买了甲商品再加件乙商品会是个不错的搭配，比如，牙膏与牙刷、茶具与茶叶、垃圾篓与垃圾袋等，自然会掏腰包。因此，关联的商品陈列很有必要。

（9）岛式陈列

在商场的入口处、中部或底部不设置中央陈列架，而配置特殊陈列用的站台，这种陈列方法称为岛式陈列。使用这种方法可以使顾客从四个角度看到、取到商品，因此其效果也是非常好的。这种陈列强调季节感、廉价感、时鲜感和丰富感，促成顾客购买。

顾客进门店的厌恶点检查

以下我们列举了门店环境会让顾客产生厌恶的九点，以方便大家对照检查和清理。

1. 店员迎面扫地

有的店员比较爱干净，看到地面有垃圾，就想赶紧拿扫帚把垃圾扫走。但有时候，在店员低头扫地的同时，顾客可能正好走进来，当顾客看到店员拿着扫帚在自己面前扫来扫去时，就立马感到不舒服：这是不欢迎我吗？另外，扫地也会使灰尘飞扬，遇到鼻子敏感的顾客时，就会产生厌恶感。

2. 碰翻垃圾筒

门店里的垃圾筒如果没有放在合理的位置，顾客就很容易一不小心碰翻，垃圾筒里的各种垃圾就会撒在顾客的面前。当顾客看到这个场景，也容易产生厌恶感。

垃圾桶的放置位置一定要测算过，确保顾客在来回走动时不会碰到，并且最好使用带盖的垃圾筒，即使碰翻了，垃圾也不容易撒在地上。

3. 地面不平整

如果门店门口及店内的地面不平整，顾客踩上去就会感觉不舒服，甚至容易出现绊倒的情况。导致地面不平整的可能是因为地毯有毛边、木地板鼓起和地砖破损等。

4. 水滴掉在身上

在门店外，顾客被雨水淋了，他们是没有脾气的；但如果顾客刚一进门店就被天花板上的水滴滴到身上，就会觉得店里的环境很差，也不愿意在店内长时间选购物品。

5. 地板砖上有水

若顾客看见店内地板砖上有水，就会觉得店内卫生较差，因为顾客不知道地上的水到底是什么。同时，顾客也怕地滑，把自己滑倒。

6. 踏空

街道地面和店内地面不在一条水平线上，或是店内有台阶，都有可能使顾客进店时或是在店内走动时一脚踏空。这虽没有什么大碍，但是会让顾客心里猛惊一下，感到十分不舒服。

7. 店内气味比较刺鼻

店内装修的气味、洗手间的气味、饭菜的味道、浓厚的香水味等刺鼻的气味，都会让顾客产生厌恶感。尤其是刚装修完的门店，一定要找专业人士去除气味，并进行甲醛测评。

8. 刺眼的灯光

灯光过度明亮会让人的眼睛感觉很不舒服。店内的灯光在适合店内主题的同时，也要留意对顾客的眼睛是否有刺激。

9. 空荡荡的橱窗

橱窗是门店形象生动化的直接体现，但空荡荡的橱窗如果没有放置商品，地面又有一层灰，顾客就会认为店里的其他商品可能过期了，从而产生不放心的感受。

我们一定要注意避免以上九个细节。另外，出于促进生意的考虑，门店经营者可以结合顾客的感受和产品特点，设置这几个细节：在大门上粘贴当心静电的标签；在大门拉手上装护套，天冷的时候，避免顾客伸手接触到冰冷的金属拉手；铺地垫，这个地垫要讲究一点，尺寸要合适，质量要好一些；在店门口安装自动欢迎器等。

选址：好的周围环境带给门店大流量

选址决策的过程比较复杂，需要考虑很多因素，包括人口规模和特点、竞争水平、交通便利性、车位数量、附近商店的特点、房产成本、合同期限、法律法规等，因此，一旦选定，其投入也是很大的。如果店址选定不理想，那么就很难轻易地再迁址到其他地方。但如果选对了地址，基本上不愁人流量、不愁客源，也不愁赚不到钱。

在世界连锁经济发展过程中，最成功的案例莫过于美国的麦当劳和肯德基。这两家闻名世界的企业，在选择门店地址时非常讲究。

麦当劳是全球最大的连锁快餐店之一，店铺遍布全球很多国家和地区。在店址的选择上，无论在哪里，都要经过一系列的讨论，包括总部、地方公司都参与，层层把关，然后才做出决定。通常，它有一套相对固定的选址原则。

消费人群最集中的地方。麦当劳的消费群体主要集中在孩子和年轻人，因此定位必须选择该人群流量较大的地方。比如，大型商场、娱乐场所、车站附近等。

周边配套设施较为完善。你有没有发现，麦当劳店铺是"店中店"，这正是他们的一个选择原则，与周边形成互补。

着眼于长远，不急于求成。麦当劳许多店铺选址，瞄准的是有发展前途的商业街和商业圈，或新建的学院区及住宅区。同时，在考察选址时会结合城市的规划。

那么，如何选择店铺地址呢？通常，有以下四个步骤可供参考。

1. 评估备选商圈

商圈是指经营特定产品或服务的某一企业或一组企业的顾客分布的地理区域。每个商圈都包括三个层次：主要商圈、次要商圈和边缘商圈。

我们可以利用地理信息系统软件，即把数字化绘图和关键位置数据结合起来，将人口统计特征、消费者购买行为的数据以及有关现有的、建议的位置和竞争者位置的清单等商圈特征通过地图的形式进行描述。商业性地理信息系统软件能帮实体企业了解不同企业的特点，并将结果显示在地图软件中。

2. 确定最好的店址类型

店址可分为三种类型：孤立商店、无规划商业区和规划的购物中心。每种类型在竞争者构成、停车设施、与非零售机构（如办公大楼）的密切关系等方面各具特点。在这个步骤中，主要是确定采用哪种类型的店址。

孤立商店是位于高速公路或街道旁的单体式零售店。这类商店的附近没有与其共享客流的毗邻零售店；无规划商业区是指两家或以上的零售店坐落在一起（或接近）组成的零售区域，区域内的商店分布或组合并不是预先规划的；中心商业区是一座城市的零售业中心地区。中心商业区往往是办公大楼和零售店最集中的地方，且车流和人流高度集中。

3. 挑选大体位置

这一步要求商店从孤立商店、无规划商业区和规划的购物中心这三种基本类型中选择一种，然后确定商店的大体位置。比如，如果选择孤立位置的商店时，就要选一条具体的高速公路或者街道；如果选择规划的购物中心时，就要选一个具体的购物中心。

4. 对商店区位和店址的评价

要想对每个大体区位及包含其中的具体店址进行评价，就要做大量的分析。在选择商店位置时，商店应根据以下标准逐个评价备选地段，并对每一选项做出全面评价。选定一个最佳店址需要考虑和兼顾：客流、车流、停车场、交通条件、商店构成、具体店址的特征以及占用房产的条件等。

你不可不知的网店装修知识

除营造良好的门店气质外，实体店经营者还要懂一些网店装修知识，这能为实现线上线下良好运营打下基础。网店装修是对网店页面的美化和装饰，即在淘宝、天猫、京东等电商平台允许的结构范围内，尽量通过图片、文字、视频、程序模板等的合理编排与精心设计，组成一幅幅精美的画面。

优秀的网店装修就如同实体店精心布置的橱窗，能够吸引正在逛街的顾客停下脚步，进入店内浏览；它又是一位"金牌导购"，能够将商品的方方面面都介绍得一清二楚，并且打动顾客的心；它还是一位"品牌大使"，能够增添顾客对店铺的信任。

1. 网店装修的前期准备

在正式开始网店装修设计工作前，需要做好充分的准备。第一项工作就是收集大量的图片素材，包括商品照片、视频和修饰画面的素材。随后应根据装修要求和预算获取网络存储空间，并了解所在电商平台对网店装修的要求。

（1）拍摄商品照片和视频

商品照片除了要有足够的美感来打动顾客，还要从不同的角度较为全面地展示商品。在拍摄商品时，需要布置一下拍摄的环境，让光线达到拍摄需要的强度，使得拍出的照片中商品的色泽和质感更接近人眼看到的效果。在拍摄视频时，可以从不同的侧重点入手，把商品的细节、卖点、使用方法等拍摄下来，但视频不宜过长。

（2）搜集修饰素材

网店的整个页面就好像一幅完整的商业广告，组成元素非常丰富，需要对其每个细节进行精心打磨，才能得到最好的整体效果。挑选修饰素材时要注意与店铺整体装修风格定位的统一，使整个画面呈现完整、协调的视觉效果。

（3）获取网络存储空间

网店的装修设计结果要储存到网络存储空间中，这样顾客才能看得到。选择网络存储空间时要考虑的因素有很多，其中很关键的是存储容量要足够存放网店装修的各种图片、视频和后台程序等；访问的速度的快慢直接影响顾客购物的体验；稳定性和安全性，能承受一定的访问量，并能防范一定的恶意攻击。

2. 网店装修的位置

在网店装修中涉及的页面类型较多，每类页面都有各自的功能和设计要求，其中最关键的两个页面就是网店首页和商品详情页。

网店首页是店铺的门面，代表着店铺的形象，它的装修效果影响顾客对店铺的第一印象。它包含店招、欢迎模块、导航模块、热卖商品和新品展示、客服和收藏区等几个常用模块。

商品详情页是促使顾客快下单、多下单的关键。它包含的内容一般有店铺活动、商品组合搭配、模特图+文案、商品图片、推荐理由阐述、商品细节图、尺码描述、商品成分说明、快递说明、店铺其他说明等。

3. 网店装修常用的文件类型

在网店装修的过程中，会接触到各种格式和类型的文件，常用的有以下四种。

（1）PSD格式的文件

PSD（Photoshop Document），是著名的Adobe公司的图像处理软件Photoshop的专用格式。这种格式可以存储Photoshop中所有的图层、通道、参考线、注解和颜色模式等信息。在保存图像时，若图像中包含有图层，则一般都用Photoshop（PSD）格式保存。由于PSD格式的文件保留了所有原图像数据信息，因而修改起来较为方便。

（2）JPG格式的图片

JPG是一种比较常用的图片格式，这是一种经过压缩的、有损图片的格式。JPG格式的压缩方案可以很好地处理写实类作品，但是，对于颜色较少、对比级别强烈、实心边框或纯色区域大的较简单的图像，JPG格式不能提供理想的效果，有时会严重损害图片的完整性。

（3）PNG格式的图片

PNG（Portable Network Graphics），是网上接受的最新图像文件格式。PNG能够提供长度比GIF小30%的无损压缩图像文件。它同时提供 24 位和48位真彩色图像支持以及其他诸多技术性支持。由于PNG非常新，因此并不是所有的程序都可以用它来存储图像文件。但Photoshop可以处理PNG图像文件，也可以用PNG图像文件格式存储。

（4）GIF格式的图片

GIF（Graphics Interchange Format），是CompuServe公司在 1987年开

发的图像文件格式。GIF文件的数据，是一种基于LZW算法的连续色调的无损压缩格式。其压缩率一般在50%左右，它不属于任何应用程序。几乎所有相关软件都支持它，公共领域有大量的软件在使用GIF图像文件。

《中华人民共和国电子商务法》相关条款

电子商务于1999年进入中国，直到2019年1月1日国家才颁布《中华人民共和国电子商务法》（下称《电子商务法》）。

《电子商务法》是政府调整、企业和个人以数据电文为交易手段，通过信息网络所产生的，因交易形式所引起的各种商事交易关系，以及与这种商事交易关系密切相关的社会关系、政府管理关系的法律规范的总称。《电子商务法》的颁布是一把双刃剑，一方面说明国家非常重视线上经营者的权利、义务以及规范化发展，另一方面对许多过往违规违法的行为进行了区分和阐述。

1. 什么是电子商务经营者

第九条　本法所称电子商务经营者，是指通过互联网等信息网络从事销售商品或者提供服务的经营活动的自然人、法人和非法人组织，包括电子商务平台经营者、平台内经营者以及通过自建网站、其他网络服务销售商品或者提供服务的电子商务经营者。

（解读：电子商务平台经营者的主要代表有京东、淘宝等。平台内经营者主要代表有天猫商城中的各个店家。自建网站是指企业自有的网站。"其他网络服务销售商品或者提供服务的电子商务经营者"包括通过朋友圈、社群、网络直播、短视频及其他平台进行商品售卖的个人与企业。）

2. 哪些经营行为需要办理工商登记

第十条　电子商务经营者应当依法办理市场主体登记。但是，个人销售自产农副产品、家庭手工业产品，个人利用自己的技能从事依法无须取得许可的便民劳务活动和零星小额交易活动，以及依照法律、行政法规不需要进行登记的除外。

第十二条　电子商务经营者从事经营活动，依法需要取得相关行政许可的，应当依法取得行政许可。

（解读：电子商务经营者需要办理相关行政许可，比如售卖医疗器械、售卖食品的企业。许可的前提是必须办理工商登记。不需要行政许可的也需要工商登记，以下例外：个人售卖自产农副产品，个人售卖家庭手工业产品，个人从事便民劳务活动，个人从事零星小额交易活动。国家对零星小额交易的交易数额暂时没有界定，专家建议为每月3万元以内销售额，有些城市相关机构建议每月5000元以内的销售额。）

3. 禁止虚假宣传

第十七条　电子商务经营者应当全面、真实、准确、及时地披露商品或者服务信息，保障消费者的知情权和选择权。电子商务经营者不得以虚构交易、编造用户评价等方式进行虚假或者引人误解的商业宣传，欺骗、误导消费者。

（解读：虚假交易，如刷流量、刷单；编造评价，如刷好评；引人误解的商业宣传，如保健品吹嘘功效等都被认定为虚假宣传。）

4. 电子商务交易安全

第三十条　电子商务平台经营者应当采取技术措施和其他必要措施保证其网络安全、稳定运行，防范网络违法犯罪活动，有效应对网络安全事件，保障电子商务交易安全。电子商务平台经营者应当制定网络安全事件应急预案，发生网络安全事件时，应当立即启动应急预案，采取相应的补救措施，并向有关主管部门报告。

5. 电子商务合同的订立与履行

第四十七条　电子商务当事人订立和履行合同，适用本章和《中华人民共和国民法总则》《中华人民共和国合同法》《中华人民共和国电子签名法》等法律的规定。

第四十八条　电子商务当事人使用自动信息系统订立或者履行合同的行为对使用该系统的当事人具有法律效力。在电子商务中推定当事人具有相应的民事行为能力。但是，有相反证据足以推翻的除外。

第四十九条　电子商务经营者发布的商品或者服务信息符合要约条件

的，用户选择该商品或者服务并提交订单成功，合同成立。当事人另有约定的，从其约定。电子商务经营者不得以格式条款等方式约定消费者支付价款后合同不成立；格式条款等含有该内容的，其内容无效。

第五十条　电子商务经营者应当清晰、全面、明确地告知用户订立合同的步骤、注意事项、下载方法等事项，并保证用户能够便利、完整地阅览和下载。电子商务经营者应当保证用户在提交订单前可以更正输入错误。

第五十一条　合同标的为交付商品并采用快递物流方式交付的，收货人签收时间为交付时间。合同标的为提供服务的，生成的电子凭证或者实物凭证中载明的时间为交付时间；前述凭证没有载明时间或者载明时间与实际提供服务时间不一致的，实际提供服务的时间为交付时间。合同标的为采用在线传输方式交付的，合同标的进入对方当事人指定的特定系统并且能够检索识别的时间为交付时间。合同当事人对交付方式、交付时间另有约定的，从其约定。

第五十二条　电子商务当事人可以约定采用快递物流方式交付商品。快递物流服务提供者为电子商务提供快递物流服务，应当遵守法律、行政法规，并应当符合承诺的服务规范和时限。快递物流服务提供者在交付商品时，应当提示收货人当面查验；交由他人代收的，应当经收货人同意。快递物流服务提供者应当按照规定使用环保包装材料，实现包装材料的减量化和再利用。快递物流服务提供者在提供快递物流服务的同时，可以接受电子商务经营者的委托提供代收货款服务。

第五十三条　电子商务当事人可以约定采用电子支付方式支付价款。电子支付服务提供者为电子商务提供电子支付服务，应当遵守国家规定，告知用户电子支付服务的功能、使用方法、注意事项、相关风险和收费标准等事项，不得附加不合理交易条件。电子支付服务提供者应当确保电子支付指令的完整性、一致性、可跟踪稽核和不可篡改。电子支付服务提供者应当向用户免费提供对账服务以及最近三年的交易记录。

第五十四条　电子支付服务提供者提供电子支付服务不符合国家有关支付安全管理要求，造成用户损失的，应当承担赔偿责任。

第五十五条　用户在发出支付指令前，应当核对支付指令所包含的金额、收款人等完整信息。支付指令发生错误的，电子支付服务提供者应当及时查找原因，并采取相关措施予以纠正。造成用户损失的，电子支付服务提供者应当承担赔偿责任，但能够证明支付错误非自身原因造成的除外。

第五十六条　电子支付服务提供者完成电子支付后，应当及时准确地向用户提供符合约定方式的确认支付的信息。

第五十七条　用户应当妥善保管交易密码、电子签名数据等安全工具。用户发现安全工具遗失、被盗用或者未经授权的支付的，应当及时通知电子支付服务提供者。未经授权的支付造成的损失，由电子支付服务提供者承担；电子支付服务提供者能够证明未经授权的支付是因用户的过错造成的，不承担责任。电子支付服务提供者发现支付指令未经授权，或者收到用户支付指令未经授权的通知时，应当立即采取措施防止损失扩大。电子支付服务提供者未及时采取措施导致损失扩大的，对损失扩大部分承担责任。

6. 电子商务争议解决

第五十八条　国家鼓励电子商务平台经营者建立有利于电子商务发展

和消费者权益保护的商品、服务质量担保机制。电子商务平台经营者与平台内经营者协议设立消费者权益保证金的，双方应当就消费者权益保证金的提取数额、管理、使用和退还办法等作出明确约定。消费者要求电子商务平台经营者承担先行赔偿责任以及电子商务平台经营者赔偿后向平台内经营者的追偿，适用《中华人民共和国消费者权益保护法》的有关规定。

第五十九条　电子商务经营者应当建立便捷、有效的投诉、举报机制，公开投诉、举报方式等信息，及时受理并处理投诉、举报。

第六十条　电子商务争议可以通过协商和解，请求消费者组织、行业协会或者其他依法成立的调解组织调解，向有关部门投诉，提请仲裁，或者提起诉讼等方式解决。

第六十一条　消费者在电子商务平台购买商品或者接受服务，与平台内经营者发生争议时，电子商务平台经营者应当积极协助消费者维护合法权益。

第六十二条　在电子商务争议处理中，电子商务经营者应当提供原始合同和交易记录。因电子商务经营者丢失、伪造、篡改、销毁、隐匿或者拒绝提供前述资料，致使人民法院、仲裁机构或者有关机关无法查明事实的，电子商务经营者应当承担相应的法律责任。

第六十三条　电子商务平台经营者可以建立争议在线解决机制，制定并公示争议解决规则，根据自愿原则，公平、公正地解决当事人的争议。

用户需求洞察研究几个阶段的检查点及相应问题设置

一、准备阶段

1. 问题设计

（1）你的研究是探索性还是问题性洞察？

（2）你考虑到最终没有成果的可能性吗？

（3）你是否让研究保持了足够的不确定性？

（4）你的核心问题是否足够好？

（5）你的研究提纲是否足够结构化、灵活和可扩展？

2. 案头研究

（1）你的案头资料来自哪些渠道？渠道足够丰富吗？

（2）你的案头资料对理解用户、竞争、商业模式和趋势有帮助吗？

（3）你是否通过案头资料发现了新的待证实的内容？

3. 执行提纲

（1）你的执行提纲是否按照执行逻辑调整过？

（2）你的时间计划准备充分吗？

（3）人员、成本和辅助设备是否准备到位？

（4）你考虑的用户样本是如何安排的？

4. 用户与你

（1）你准备寻找什么样的用户，通过什么样的渠道寻找？

（2）你是否有用户的甄别标准和甄别问卷？

（3）你是否设计了前期试研究的阶段？

（4）你是否需要一定的领域专业经验？

（5）你的经验会对你的研究造成影响吗？

（6）你是否已经考虑找潜在用户参与执行？

二、执行阶段

1. 访谈

（1）你是否找人进行了访谈测试？

（2）你是否已经提前查看了访谈地点？

（3）访谈安排是否时间过紧或者过松？

（4）你的开场热身和破冰问题设计好了吗？

（5）你是否发现忽略了什么问题？

（6）你是否使用了禁忌问题？

（7）除了描述，你是否让用户进行对比和分类？

（8）你最后结束的问题是什么？

（9）用户说得少的原因是什么？

（10）你是否发现用户撒谎？他们为什么撒谎？

（11）你在访谈中是否保持足够低调、被动？

（12）访谈结束后是否立即进行记录？

（13）访谈结束当天是否进行了记录整理？

2．观察

（1）你是否明确想通过观察解决什么问题？

（2）你是否提前模拟了用户的行为？

（3）你是否提前到现场进行开发式的观察？

（4）你是否需要与用户合作完成任务？

（5）你是否按照框架在进行记录？

（6）你是否看到了让你别扭的内容？

（7）你是否看到了让你不能理解的内容？

（8）你是否看到了用户手工品或变通技巧？

（9）你是否看到用户犯了错？

（10）你是否注意到用户的极端情绪？

（11）你是否注意到了用户之间的差异？

（12）你是否注意到特殊的巧合事件？

（13）观察中你是否发现少了什么内容？

（14）你是否变换过观察的视角？

（15）观察后你是否进行了访谈？

（16）观察结束后你是否立即进行记录？

（17）观察结束当天你是否进行了记录整理？

（18）你是否和别人交流过你观察的结论？

3．其他方法

（1）你是否已经有产品和用户了？

（2）用户是否只能在特定场景下才能发现需求？

（3）用户是否已经习惯了目前的方案？

（4）你能采集并保存用户的痕迹物吗？

4. 执行结束

（1）是否已经没有新的发现了？

三、分析阶段

（1）你是否已经彻底熟悉你的资料？

（2）你的材料是否已经进行了整理？

（3）你是否按照小白用户的思维在思考？

（4）你是否寻找过与结论相反的证据？

（5）对于矛盾问题，你是否考虑过整合可能，保证两种情况都正确？

（6）你有什么常识假设可以否定？

（7）你是否从所有参与者的视角考虑过问题？

（8）你是否考虑过一些边缘情况，考虑过"是又不完全是"的场景？

（9）你发现的原因真的是原因吗？

（10）你是否发现还有其他的原因？

（11）你考虑过反向因果关系吗？

（12）你发现哪些具有象征意义的符号？

（13）你是否休息几天后再进行分析？

（14）你是否让潜在用户与你一起讨论？

四、展示阶段

（1）你的展示有考虑解决方案吗？

（2）你是否有原型产品？

（3）你是否设计了故事？

（4）你是否给别人试着展示过，他们会猜到你的成果吗？他们会对于你讲的有不理解的地方吗？

（5）你是否准备好应对他人的质疑？

（6）你是否考虑过将成果包装成行业报告？

五、后续阶段

（1）你是否在项目结束后整理了你的材料？

（2）你是否一直在思考没有讨论的问题？

（3）你是否一直在跟踪成果的后续情况？

（4）你是否时刻关注生活中的变化？

（5）你是否知道自己应该补充哪方面的知识？

（6）你是否在写总结？

2019—2020中国百货零售业发展报告（节选）①

　　此报告基于103家以百货经营为主的零售企业和近300家样本门店的具体经营数据，并结合相关宏观经济数据综合分析、编制而成。

　　报告显示，虽然2019年企业的门店和销售增速同比进一步放缓，但在平效、毛利率、净利率、客单价等关键指标上，百货业态的质量有所提升。具体发现如下。

一、整体发展情况

1. 增长放缓，整体规模稳中有升

　　数据显示，103家以百货经营为主的样本企业2019年企业销售总额7653亿元（包含百货、超市等业态），增长率2.8%，其中超市增长率4.0%，百货增长率1.0%，购物中心增长率6.8%，奥特莱斯增长率9.8%，电器专业店增长率-1.5%，网络零售增长率11.7%。

　　企业门店总数7740家，增长率1.3%。总营业面积6300万平方米，增长率4.7%，其中自有面积占45%，正式员工数46万人，比2018年减少7.1%。

————————
① 选自中国百货商业协会与冯氏集团利丰研究中心联合撰写《2019—2020 中国百货零售业发展报告》

样本企业提供百货业态数据的100家，销售总额3588亿元，较2018年小幅增长1.0%，其中51%的企业正增长，49%的企业负增长。同店对比，2019年同店平均增长率为0.3%，2018年为2.0%，其中，52%的企业同店对比显示正增长。

2. 费用持平，成本上涨有所减缓

企业的三项费用（销售费用、管理费用、财务费用）情况，样本企业2019年三项费用总额比2018年下降2.9%，2019年企业的三项费用率平均为18.1%，比2018年减少0.2个百分点，总体上看，2019年企业成本上升的压力有所缓解。

2019年样本企业正式员工数平均下降3.8%，正式员工总数（所有样本企业正式员工人数加总）下降7.8%，员工薪酬总额下降6%。百货业态正式员工数下降8.7%，平均下降幅度3.7%。

但企业的平均人工成本仍在上升，2019年平均人工薪酬为7.9万元，2018年为6.4万元，增长率为7.3%，其中67%的企业的人工薪酬呈上升状态，人工薪酬中位数6.5万元，比2018年上升0.5%。

3. 强化降本增效，改善盈利能力

2019年平均人效为238万元/人，增长5.7%，中位数为201万元/人，与上年基本持平，人效的提升，主要是正式员工数下降的缘故，随着经济下行，销售额增幅进一步放缓，企业普遍采取降本增效的策略，优化人员结构，盈利能力有所改善。

2019年样本企业平均毛利率为20.4%，比2018年提高0.8个百分点，其中，59%的企业毛利率比2018年有所提升。净利率为4.1%，比2018年提高0.4个百分点，61%的企业净利率比2018年有所提升。2019年，有9%的企业出现亏损，2018年为10%。

单看百货业态，平均毛利率为18.1%，比2018年提高0.1个百分点，毛利率增长的企业占比71%，平均净利率4.2%，比2018年提高0.1个百分点，亏损企业占比11%。

4. 调改升级增多，改造效果显现

近两年来，调改升级是百货的主旋律。调查数据显示，有55%的样本企业2019年对门店进行了调改升级，改造门店占企业总门店的25%，实施半封闭或封闭改造的占总门店6%。各家升级调改工作持续进行，之前调改的项目，效果正在逐步显现。2019年，样本企业百货业态客单价为805元，比上年增长5.7%。

二、发展中的主要问题

百货业发展的问题，集中体现在商品力弱、体验不够、数字化程度低等方面。具体包括：

1. 改造升级增多，短期影响百货业绩

改造期间，一些门店只能部分营业甚至完全闭店改造，而改造的时间一般会持续几个月甚至更长，导致一些门店没有销售额。一边是投入费用改造，另一边则是销售大幅下滑，短期内企业面临一定压力。

2. 商品能力偏弱，掣肘百货升级发展

综合因素包括形象定位、品类组合、经营管理方式、与品牌商互动关系、价格水平等，导致大多数百货店对消费者没有吸引力。

3. 线下体验不够，影响线下回流消费

与线上相比，百货店的价格水平没有竞争优势，在本该大有可为的线下体验上，大部分百货没有发挥应有的价值。

4. 数字化程度浅，深度融合有待加强

受百货的经营模式局限，百货店的数字化和全渠道从一开始就面临诸多障碍。但随着小程序、社群营销、直播等模式的兴起，百货正在重构人货场。

另外，疫情对行业影响较大，但从另一角度看，大大提升了企业的数字化水平，信息技术普遍得到升级换代，为下一步发展打下良好基础。

三、转型发展趋势

百货是售卖品质生活和时尚态度的零售业态，只要经济在增长、消费在提升，百货就有更大的空间。在中国市场，百货业态长期趋势向好。

1. 调改升级活跃、增长蓄势待发

随着调改项目重新开放和成果显现，百货新的增长点将逐步发挥出来。

2. 线上业务加速拓展，全渠道布局提速

当前百货零售企业线上线下融合的手段更显多样化、更接地气，迎合新的消费需求。

3. 深耕会员私域流量，实现精准化运营

百货企业多年积累的优质会员成为支撑发展的优质资源，特别是利用直播、社群和小程序为私域流量变现提供了突破口。

4. 强化线下场景体验元素，抓线下回流商机

一方面，引入多样化的消费场景，如餐饮、儿童、影院、游乐场、艺术文化活动等；另一方面，改善服务的各个环节和在业务的各个流程提升

消费者的感性体验。

5. 强化商品能力,打造企业核心竞争力

具体包括调整产品组合布局、提升与品牌商合作效率、开拓自采自营、发展自有品牌等。

6. 百货零售业时尚化,引导新消费升级

百货是时尚的业态,百货店是时尚的重要载体,国际一线大型百货公司在时尚中承担了举足轻重的地位,可谓"无百货不时尚"。

7. 直播社群和小程序,创新转型突破口

近年来,越来越多的百货零售企业通过新的互联网思维及数字化手段,如直播、短视频、微信群、小程序等社交媒体增加消费者触点,激发消费者的购物意愿,提升线上营销和销售比例。调查显示,75%的受访企业使用社交媒体做宣传推广,其中80.4%的企业使用微信宣传推广,31.4%使用抖音。另外,47.1%的受访企业使用社交媒体销售商品,微信是最常用的社交平台。

四、百货零售业发展建议

1. 提升数字化,连接人货场

零售的数字化方向已是行业的共识,问题在于具体的实现路径和手段,是全面开花,还是重点突出?是自我开发,还是结盟合作?

数字化要内外兼修,对内包括在线化、全渠道、可移动化的办公方式,实现实时信息互通,通过数字化实现电子订单、线上补货、销售数据共享、电子结算等,提高内部工作效率。对外包括各个触点、各个渠道的数字化。

以数字化带动全渠道，数字化与全渠道紧密关联又有所区分：全渠道是通路、是前台、是表象，内在的衔接远比表面的渠道形式复杂，体现在业务逻辑、技术接口和数据融合等方面，这正是数字化完成的任务。只有内在实现较高水平的数字化水平，全渠道才能得以打通、互动。

以数字化连接人、货、场，人的数字化：重点是员工数字化（如员工绩效、培训）和顾客数字化（可识别、可触达、可洞察、可服务）。货的数字化：纵向为供应链视角下，商品基本信息、物流各个环节、收货补货等的数字化；横向是人与货、货与场的切面特定时点上的关系。场的数字化：线上、线下两个场的衔接、互动、引流。

2. 打造商品力，形成差异化

百货的商品力来自几个层面，一是与门店定位相匹配的品类组合，并保持连贯性和持续性，打造清晰的品牌形象。二是与品牌商的深度互动，简单的联营扣点，如同两层皮，不可能与品牌形成优势互补。三是积极探索自营，逐步扩大自营比例。四是研究自有品牌的定制和开发。超市的商品力在生鲜、在自有品牌、在高效的周转。

对于百货业来讲，重点品类包括化妆品、运动休闲、儿童用品等几大类。特别是化妆品经营，不仅带来本品类的销量，还带来其他品类连单消费，也有助于提升门店年轻时尚形象。当然，化妆品类已成为疫后百货复苏的先导。

Z时代、粉丝经济、颜值经济推动网红新品发展，高性价比、强设计感、多功能的单品受到追捧。消费客层年轻化、个性化，需要产品驱动，品牌化与小众化共生。另外，健康卫生、绿色环保从高品质要求变成消费者底线。

3. 深耕会员营销，变现私域流量

无论是百货还是超市，很多企业的会员消费已超过50%。维护好会员，成为零售商的必备手段。

传统零售业的经营思路，以渠道思维为核心。体现在：选址被看作成功与否的关键因素之一、通道费用是零售商的重要利润来源、客服是微不足道的边缘部门。随着市场的成熟，从增量发展已经过渡到存量时代。同时，技术的发展让客户的可追踪、可触达成为可能，零售商迫切需要从渠道思维向用户思维转变。多年积累的会员成为我们宝贵的资源。

会员营销的重点，一是一体化功能。首先应尽快摒弃传统线下实体卡的方式，以移动化的会员卡，整合积分、优惠券、引流、营销，甚至储值等功能。二是会员权益设计。包括等级设定、权益体现、积分规则、积分兑换管理等。大部分企业有基本的规则，但精细化程度不够，具体执行中缺乏温度。三是门店与专柜会员共享。通过利益分配和技术手段，打通门店会员和专柜会员，实现营销效果最大化。四是开展IP营销。主要是吸引年轻消费群体，培养其对门店的忠诚度。对于大型零售集团，可以探讨建立会员和积分的异业联盟，在商圈内相互引流，实现会员价值的最大化。

4. 优化场景营造，增强消费体验

从消费者角度，"逛"的需求始终存在，只不过是以什么样的条件触发。线上的浏览和线下的体验是完全不同的。对于纯标准化的商品，线上有绝对替代的可能；但对于具有体验性特点，需要试穿、试用，需要人的服务的消费，线下是不可替代的。很多企业提出"线上种草，线下销售""线上引流，线下体验"，即门店是主战场，利用一切资源形成好的体验。

符合消费者需求和品牌定位的商品组合、线上线下一致化的商品价格、良好贴心的购物环境和服务，也都是重要的体验元素。与消费者对接的每一个触点、业务的每一个环节都是体验，都有提升的空间。

当前各种业态百花齐放、百家争鸣，总体上看，电商已没有几年快速增长的势头，线下业态虽然各有各的困难，但总体增长趋于平稳，各个业态处于相对平衡的阶段。消费者在各业态间的选择如同潮汐，几年前涌向线上，现在线上红利已消退，开始出现部分回流。

最近两年来，很多百货企业进行了调整改造，改善了店面环境，增加了体验互动元素，提升了设计感和艺术感，逐步理顺了价格体系，在细节上提升了服务水平，对消费者的吸引力明显增加。尽管受疫情影响，有些2019年改造的门店效果还没有发挥出来，但从大趋势看，线下强体验将一直发挥重要作用。